良い値決め 悪い値決め

きちんと儲けるためのプライシング戦略

田中靖浩

日経ビジネス人文庫

幸せな「良い値決め」に向かおう

「悪い値決め」は、がんばっても儲けが増えません
「良い値決め」は、がんばりが儲けにつながります

「悪い値決め」は、自らのコストを基準に価格を決めます
「良い値決め」は、顧客の心地良さを基準に価格を決めます

「悪い値決め」は、「良いものを、より安く」を求めます
「良い値決め」は、「良いものを、より高く」を求めます

「悪い値決め」は、DOGのいる場所で、安値争いをします
「良い値決め」は、CATな場所で、心地良い高値を目指します

D O G

Digital　Online　Global

↓

C A T

Cozy　Analog　Touch

イントロダクション――安売りをしない安売り、値上げをしない値上げ

「パパ、コンタクトのおカネちょうだい」

数カ月に一度、娘がそう言ってくるたび、「ほい」と1万円を渡します。

いまやコンタクトレンズは、数カ月分をまとめて購入する使い捨てが主流。

私は娘に金を渡しながら、自分が学生だったころを懐かしく思い出します。

私が学生だったころ、コンタクトは1枚2～3万円する高価なものでした。

しかも洗浄中にコンタクトを洗面所に流してしまうトラブルが多発、親に叱責される子が後を絶ちませんでした。

当時コンタクトを買ってもらえたのは、親が裕福であり、かつ、平均以上の注意力を親に認められた子に限られていたのです。それに比べれば、いまの子どもたちは幸せです。

現在の使い捨てコンタクトの単価を計算したところ、1枚80円程度。

昔の価格を考えれば、ずいぶん値下がりしたものです。

しかしコンタクトレンズのメーカーは決して「安売り」しているわけではありません。それどころか「安売り」であることを隠しました。

メーカーは「清潔・健康」を前面に打ち出しつつ、「清潔・健康のために毎週（毎日）新しいレンズを使いましょう」と使い捨てレンズ使用を提案したのです。

よくよく考えると、使用者は「激安レンズ」を大量に購入し、洗浄せずに毎日投げ捨てているのですが、使用者はそれに気が付いていません。

実際のところ、レンズの品質は以前とそれほど変わっていないそうです。

コンタクトは目に入れる製品なので、使用者は「安かろう悪かろう」を敬遠します。もし仮に「激安、1枚80円ポッキリ！」と売られていたら、怖くて買えなかったことでしょう。

使い捨てコンタクトは、モノの品質改良ではなく、「売り方の工夫」によって大量販売を成功させたのです。

もうひとつ、わが家の風景から……

「あれ？　チーズが足りないぞ。パパ、食べなかった？」

こんどはキッチンの息子が声をあげました。

スライスチーズとハムでサンドイッチを作っていた息子は、ある異変に気が付きました。

いつものように家族の分も作ろうとしたら、スライスチーズが1枚足りません。

「パパは食べてないよ」と私。

「じゃあ、誰が食べたんだろう？」怪訝な顔の息子。

実はそのときの私、誰が犯人であるか知っていました。

しかし、その答えを息子に言うべきかどうか、悩んでいたのです。

推理小説並みの「意外な犯人」を、小学生の息子が理解できるかどうか……。

そう、犯人は、「チーズを作った会社」だったのです。


そのチーズの会社は、スライスチーズの枚数を8枚から7枚に減らしていました。

価格を「値上げ」されると消費者は苦痛を感じます。まして日常的に買い慣れた食料品については、すこしの「値上げ」でも精神的苦痛が大きいもの。

そこで最近の食品会社は、販売単価を据え置きつつ、中身を減らしています。

チーズでいえば、同じ値段で8枚入りを7枚に減らす「実質的な値上げ」です。

私たちは価格に対してとても敏感な一方、それ以外のことについては意外に鈍感です。この認知特性を踏まえて、食品会社は「中身を減らす実質値上げ」を行ったわけです。

「へぇ〜、そうなんだ」と思った読者の皆さん、どうぞお気をつけください。

いつの間にやら身の回りのいろんなものが小さくなっています。ポテトチップスもカップアイスもなんとなく小さくなりました。そういえばティッシュやトイレットペーパーの減りが妙にはやくなりましたねえ……。

安く売る努力をする日本、高く売る努力をするアメリカ

清潔・健康という「メッセージを変える」工夫で、安売りを安売りと見せずに大量販売をなしとげた使い捨てコンタクト。

消費者が痛みを感じる値上げではなく、中身を減らすことで「実質値上げ」をなしとげた食品会社。

この2つの事例はともにアメリカ先行という点で共通しています。

近年アメリカでは、マーケティングや心理学を活用した値決め＝プライシングの事例が

多数登場しています。

どちらの事例も「顧客が主人公」です。会社の事情やコストではなく、顧客の気持ちや感情を出発点にして販売・価格戦略が組み立てられています。

一方、かつてメイド・イン・ジャパンのモノづくりで勝利した日本は、いまだモノの品質にこだわり、それを「コストを下げて安く売る」ことばかり考えています。

かつて日本に敗れたアメリカは、その反省として、顧客の立場に立ったプライシングや売り方の工夫を発展させました。「値決め＝プライシング」というテーマ、アメリカではビジネススクールで教えられ、書籍もたくさん出ています。

使い捨てコンタクトやスライスチーズの例からわかるように、すでに欧米では「値下げ・値上げ」という単純発想を超えた、新たな手法が多数登場しています。

値決め＝プライシング先進国のアメリカと、後進国の日本。いまもその差は開く一方です。

20世紀の初め、アメリカの自動車産業から幕を開けた工業社会。

モノ作りで先行したアメリカを、そこから学んだ日本が追い抜きました。

そして21世紀、その日本を再びアメリカが情報・サービス業で追い抜きました。現在のところ、情報・サービス業で培われた「値決め」の技術についてはアメリカが先行しています。

追いつ追われつ、抜きつ抜かれつ、先行した方を、あとから学んだ方が追い抜くことを繰り返してきた歴史。

私たちは、値決めで遅れている現状に、黙って甘んじている場合ではありません。こんどは私たち「おもてなしの日本」がアメリカを抜き返す番です。やってやろうじゃありませんか。

そこで私は、すべての日本人に向け、初心者でも楽しくプライシングが学べるような教科書を書く決意をしました。

値決めをめぐる日米の歴史の流れを踏まえつつ、管理会計の中から「値決め」についての内容を抜き出し、実例や図を多用して説明しました。

それにマーケティング・行動経済学（ビジネス心理学）の領域を重ね、読者に役立つヒントを紹介しました。

本書は、財務会計、管理会計に続く、第3の「価格会計」といえる内容になっています。

私は本書で値決めを軸に、従来の「売上重視」から、「利益重視」への道筋を説明しました。

いまだ日本の会社には、景気が良かった時代の「売上重視」と、モノづくり全盛時代の「コスト・プライシング」思考が色濃く残っています。

変わらなければならない——多くの日本人がそう感じつつ、どこから変わればいいのか、それがわからずに苦しんでいます。

本書はそんな皆さんに、「値決め」を軸にした、新たな視点を提供したいと思います。

近年の価格下落は、単に「デフレ」だけでなく、社会の「デジタル」化が進んだことによって起こっています。

日本経済がデフレ脱却できるかどうかには関係なく、デジタル化が進むこれからの社会では、「特定の職業」の報酬が下落し続けることでしょう。

情報・サービス産業や、税理士・社会保険労務士といった士業の皆さんは注意してください。

仕事内容によっては、あなたの報酬が「無料」に向かって進む可能性が高いです。その無料に向けた死の行進は、すでに始まっています。

新たにやってきたDOG（デジタル・オンライン・グローバル）環境には、それにふさわしい思考とやり方があります。

安値と決別するためには自らの「価格の哲学」をもち、「顧客満足『高』価格」を目指す技術を手にしましょう。そうすれば、あなたもDOG環境で戦うことなく、値下げの少ないCAT（コージー・アナログ・タッチ）な世界へ到達することができます。

血みどろの安値争いを繰り広げる犬（レッドドッグ）のいる場所から、顧客が心地良さを感じる猫（ブルーキャット）がいる場所へ。本書がその道案内をします。

本書の構成は、値決めの数字（1〜3章）から、マーケティング・行動経済学（4〜8章）という順番で構成されています。どちらかというと数字が登場する1〜3章が難しく、後半の4章以降のほうが読みやすい内容になっています。

読者の皆さん、ぜひ3章までの数字の部分を乗り越えてください。そこまでが乗り越えられればあとは大丈夫。

せっかく素晴らしい製品を作り、おもてなし精神あふれるサービスを提供しながら「安売り」に甘んじている日本。

なんとかしましょう。このままでは、悔しいです。

本書を読むことで、「自信を持って高い価格で売ろう！」と考える商売人がひとりでも増えること、それが私の願いです。

２０１５年6月

田中靖浩

目次

イントロダクション 4

第1章 売上重視が、会社を不幸にする犯人だった！……17

1 「がんばっても儲からない」事件の謎を解く 19

2 「売上－コスト＝利益」のワナ 27

3 間違った「売上重視」に正しい答えを出すと、会社が潰れる 36

第2章 ドッグ（DOG）ビジネスは「無料」に向かう……43

1 デジタル・オンライン・グローバルが生んだ「新・負け犬」 45

2 無料に向かって死の行進が始まった！ 55

3 DOGから離れ、CATな場所を目指そう 67

第3章 値下げが成功する場合、失敗する場合 …… 77

1 儲けの少ないハンバーガーをどうして値下げできたのか? 79
2 値下げ戦略成功の必須条件 86
3 MP∨Fの状態をつくるのが経営者の仕事 91

第4章 そろそろ「値決めの哲学」を持とうじゃないか! …… 101

1 情報・サービス業が値決めで苦戦する理由 103
2 やっつけた側、日本が歩んだプライシングロード 116
3 やっつけられた側、アメリカが生みだした新しいプライシング 127

第5章　顧客満足「高」価格をつくる「まぜプラ」

第5章　顧客満足「高」価格をつくる「まぜプラ」……133
1　顧客満足「高」価格へ向け、メンタルブロックを外せ！　135
2　「まぜプラ」は、ひげ剃りから始まった　143
3　威力十分な「無料」と「有料」をミックスする　150
4　儲けと楽しさ、DOGとCATのO2Oミックス　158

第6章　顧客に心地良いサプライズをつくる「ここプラ」

第6章　顧客に心地良いサプライズをつくる「ここプラ」……165
1　「原価300%」レストランの謎　167
2　メッセージを変えるだけでこれだけ売れる　176
3　ハーゲンダッツのアイスクリームを小さくした行動経済学　182

第7章 トップセールスに学ぶ、比べさせて売る「くらプラ」……193
1 500万円のBMWを「気持ちよく衝動買い」させたトップセールス 195
2 アンカリングで高価格を実現する秘密作戦 205
3 交渉で勝つ！ 無敵の秘策 212

第8章 顧客の困りごと、悩み、不満を和らげて2・5倍売る「やわプラ」……219
1 ポイントカード時代の副作用 221
2 クルマを下取りに出したとき、営業マンに感じた怒りと哀しさ 227
3 トクするより、ソンしたくない損失回避の心理 234
4 なぜ下取りセールは大ウケしたのか？ 240

エピローグ 248
謝辞 250
文庫版へのあとがき 252

第1章

売上重視が、会社を不幸にする犯人だった！

「いちどウチの数字を見てもらえませんか?」

知り合いの経営者から、なんどとなく頼まれました。そんなとき私は、数年分の決算書を用意してもらい、シャーロック・ホームズの気分で数字の動きを見ます。

これまで大企業から中小企業、自営業まで、さまざまな数字を見てきました。

そのなかで、ひとつ重大な発見をしました。

「一生懸命がんばっているのに、儲からない」会社には、共通点があります。

それが「売上重視」です。

景気が悪いときに「売上」を重視すると、会社に不幸が訪れます。

売上を追いかけて不幸になる現象。これは、ひとつの「事件」といえるでしょう。

このゆゆしき事態、黙って見逃すわけにはいきません。

事件の解決に向け、ご一緒に「不幸な会社」の謎を解いていきましょう。

1　「がんばっても儲からない」事件の謎を解く

良い売上アップと、悪い売上アップ

あなたにお尋ねします。

子どものころ、親に一番褒められたのは、次のどれでしょうか？

①クラスで一番成績が良かったとき
②身体測定で健康優良児と認められたとき
③無遅刻・無欠席の皆勤賞をとったとき

――あなたが選んだのは「①」ではありませんか？

おそらく多くの方が「①一番成績が良かったとき」に褒められたと思うのです。

子どもの場合、健康や真面目さより、やっぱり「学業」なのです。

テストで成績が良かったり、試験に合格すると親に褒められる。

さて、あなたにもうひとつ質問させてください。

次のなかで、もっとも「良い会社」はどれだと思いますか？

①従業員数の多い会社
②製品数の多い会社
③売上の大きい会社

——これもほとんどの方が「③」を選んだのではないでしょうか。

この国では、とにかく「売上」なんです。従業員の数や製品数ではなく「売上」の大きさ。

頭の良い子が親に褒められるように、売上が大きいのが良い会社であるとみんな思い込んでいます。そこに深い理由はありません。

多くの社長が、会社のパンフレットに「年商○億円」と書きます。

ビジネスマンたちはみんなで「売上を増やすためにどうすればいいか？」を考えています。彼らは、売上を前の年と比べるのが大好きで、タイゼンネンドウゲツヒというドイツ語のような言葉を好んで使います。その売上に対する熱意こそが、業績を悪化させている犯人なのだから皮肉なものです。

日本中のビジネスマンが「売上を増やす」ために必死に努力しています。しかし、それを達成したとしても会社の儲けはなかなか増えません。

理由は明白です。売上を増やすために「値下げ」を行ってしまうからです。景気が良かったはるか昔とちがって、いまや価格を下げても売れません。そんなときに価格を安くしすぎると、売上が増えても、利益が減ってしまいます。

同じ売上アップにも「良い売上アップ」と「悪い売上アップ」があります。

良い売上アップは、利益を増やします。

悪い売上アップは、利益を減らします。

このちがいを生む「数字メカニズム」を学ぶことが、不幸な会社から抜け出す第一歩に

図表1-1　売上が10%増えたら利益はどうなる？

単位：億円

昨年			今年	
売上高	8,000	▶	売上高	9,000
売上原価	6,000		売上原価	?
売上総利益	2,000		売上総利益	?

なります。

「安売りすれば儲かる」時代の終焉

ここでクイズです。図表1－1を見てください。

Y社では、売上を8000億円から9000億円に増加させました。対前年比で約10%の売上アップです。

では利益はどうなったでしょうか？

売上が増えたからといって、それだけで喜んではいけません。

大切なのはそれが「良い売上アップ」なのか、それとも「悪い売上アップ」なのかを見分けられるようになること。

そのためには「売上」の金額を、「販売価格P」と販売数量Q」に分けて見る目が必要です。

もちろんここで販売価格を決めるのが本書のテーマである「値決め」。

「販売価格をいくらに値決めして、それを何個売ったのか」で売上が決まるわけです。

「悪い売上アップ」は、「値下げしすぎ」の値決めによって発生します。

ふつう販売価格を安くすると、お客さんは喜んでたくさん買ってくれるので、販売数量は増えます。ただ、それで「売上原価」はどうなってしまうでしょうか？


Y社の例に戻りましょう。Y社はヤマダ電機です。

日本最大規模の量販店であるヤマダ電機は、出店ラッシュで売上を拡大してきました。

そのヤマダ電機に「赤字転落」のニュースが流れたのは2013年のこと。

リーマンショックのときも黒字だったヤマダ電機の赤字転落には私も驚きました。

2012年4〜9月期決算と2013年4〜9月期決算を比べると、ヤマダ電機は売上高を8060億円から8976億円に10％以上も増加させました。

しかし、営業利益は赤字に転落。絵に描いたような「増収減益」の構図です。

この営業赤字への転落で、注目したい数字が、売上総利益（粗利）です。

売上は増えているのに、粗利は減少しています。

この数字から「いきすぎた値下げ」が行われたと推測できるわけです。

図表1-2　赤字に転落したヤマダ電機

単位：億円

決算書 2012/4〜9			決算書 2013/4〜9	
売上高	8,060	▶	売上高	8,976
売上原価	6,025		売上原価	6,959
売上総利益	2,035（25%）		売上総利益	2,017（22%）
販管費	1,821		販管費	2,041
営業利益	214		営業利益	▲ 24

大量仕入れのメリットを台無しにする値下げのデメリット

これまでヤマダ電機の粗利率は、同業の中でも高いことで有名でした。

業界でもっとも規模の大きいヤマダ電機は、大量購入の圧倒的なバイイング・パワー（購買力）を活かして、ライバルより安く仕入れることができます。「たくさん仕入れるほど、安くできる」

これが流通業の「規模の利益」、スケールメリットです。

しかしヤマダ電機は、そんな「大量仕入のスケールメリット」を帳消しにする「値下げのマイナスパワー」に襲われました。

ヤマダ電機が赤字転落したころ、家電業界は

「地デジ特需の反動」に見舞われていました。

大いに盛り上がった地デジ・テレビの買い換え需要ですが、特需がしぼんだあとの売上落ち込みはかなり強烈。

これで失われた売上を取り戻すべく、ヤマダ電機はかなり値下げをしたようです。

それだけではありません。

ちょうどこの時期、家電量販店では、新たな「値下げ要求ゲリラ」の出現に頭を悩ませていました。

「値下げ要求ゲリラ」は、スマホを手にネット通販の激安店価格を示しつつ、店員に「この価格まで値下げしてよ」と店員に迫ります。

小売店の店頭で商品の実物を確認しつつ、ネット通販を通じて店頭より安い価格で購入する行為はショールーミングと呼ばれました。

ショールーミング時代の「値下げ要求ゲリラ」に対し、売上減少に悩むヤマダ電機の店員は「じゃあ下げましょう」と値下げ要求に応じてしまった様子。

経費の軽いネット通販店は激安価格で攻めてきます。これに安値で応じてしまうと「悪い売上アップ」まっしぐら。

実際の数字を見ると、ヤマダ電機の粗利率（売上に対する粗利の比率）は25％から22％に下がっています。悪い売上アップは、粗利率を低下させます。

かつてヤマダ電機のライバルといえば、エディオン、ヨドバシカメラ、ビックカメラなどの家電量販店だと思われていました。

しかしライバルは意外なところから現れたのです。

それが激安ネット通販会社です。神出鬼没な彼らは、どこから製品を仕入れているのか、とんでもない激安価格で攻めてきます。

いきなり「見えざる敵」が出現するのがネット社会の恐ろしいところ。

神出鬼没な「安売りゲリラ」に対して、さらなる安値で対抗して「売上」を追いかけるのは利益を減らす危険きわまりない行為です。

ヤマダ電機は赤字転落の後、大量出店＆安売りでスケールメリットを追求する「量の経営」から「質の経営」への方向転換を余儀なくされました。出店ラッシュと安売りで規模を追求する経営から、出店を抑制しつつ利益をしっかり確保する経営へ——ヤマダ電機だけでなく多くの日本企業がこの道のりを歩むことになります。

2 「売上－コスト＝利益」のワナ

価格下落時には「悪い売上アップ」に気をつけろ！

「六本木を歩く男子は不良だ」

「胸の大きい女性は頭が悪い」

たとえばこれらが「思い込み」にすぎないことは誰でも知っています。

「売上が増えれば利益も増える」

実はこれも思い込みにすぎません。

でも多くの経営者がいまだにそれを信じています。

値下げで売上が増えても、利益が減ってしまうことがあります。

だとすれば私たちは、**売上が増えたとき「利益が増えるケース」と「利益が減るケース」の分かれ道がどこにあるのか**を知っておかねばなりません。

具体的な数字例で説明します。

昨年、薄型テレビXの売上は500万円（販売価格5万円×販売数量100台）でした。

売上原価は300万円、これは仕入単価1台3万円の100台分です。

売上から売上原価を引いた粗利は200万円です。

今期は「売上を増やす」べく、「売上20％アップ＝600万円」を目標にしています。

ここで、「売上600万円」を達成しても、利益が増えるケースと減るケースがあります。

そんな「良い売上アップ」と「悪い売上アップ」の分かれ目は「販売価格」にあります。

これまでの値下げを見直し、販売価格を5万円から6万円にアップさせるのが「良い売上アップ」。この場合、粗利は昨年の200万円から300万円に増えます。

これに対して、販売価格を5万円から値下げして4万円に下げるのが「悪い売上アッ

図表1-3　良い売上アップ vs 悪い売上アップ

〈 昨年 〉

売上	500万円	（5万円×100台）
－売上原価	300万円	（3万円×100台）
粗利	200万円	

〈 良い売上アップ 〉

売上	600万円	（6万円×100台）
－売上原価	300万円	（3万円×100台）
粗利	300万円	

〈 悪い売上アップ 〉

売上	600万円	（4万円×150台）
－売上原価	450万円	（3万円×150台）
粗利	150万円	

プ」。この場合、粗利は昨年の200万円から150万円に減ってしまいます。

「悪い売上アップ」の具体的な例が、先ほどのヤマダ電機の「増収減益」です。

価格が下落しているときに「売上重視」を掲げるのは危険です。

安売り空気の強いなかで、経営者が「売上を増やせ！」と指示すると、部下は売上を増やすために「安すぎる値決め」をします。

家電大手のヤマダ電機であってもバイイング・パワーのメリットより、値下げデメリットのほうが大きい時代。

「価格下落時の売上重視」――これこそが「一生懸命がんばっているのに、儲からない」事件の犯人だったというわけです！

管理会計の定番「45度線分析」の大ウソ

「売上さえ増えればうまくいく」と思い込む経営者が多いこの国。

その責任は、私のような会計の専門家にもあります。

会計士や税理士、大学教授などが書いた会計の教科書では、図表1－4のような「45度線分析」を使って「売上・コスト・利益」の関係を説明しています。

いわく、コストには売上が増えたときに比例して増える仕入原価などの「変動費」と、売上とは無関係に発生する「固定費」がある（上の図参照）。

ここに45度の売上線を書き込むと「損益分岐点」がわかり、それを上回る売上を出すと「利益」が出て、下回ると「損失」が出る（下の図参照）。

こんな説明を目にした読者はたくさんいると思います。

これを学んだ方は、よく聞いてください。

――この図はウソです。

「ウソ」が言いすぎなら、あまりに「子どもじみたおとぎ話」だと言い換えましょうか。

図表1-4　管理会計の定番・45度線分析

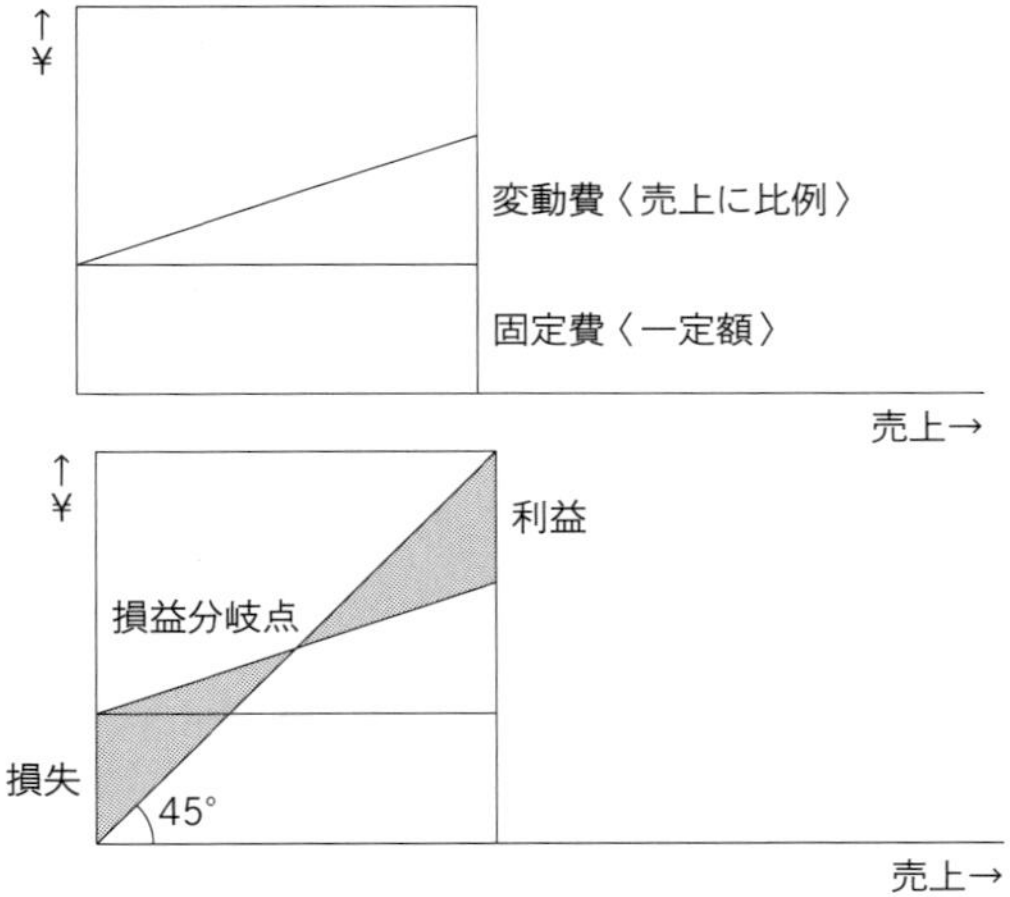

この図には、「販売単価が一定であれば」という重大な仮定が含まれています。

かのアインシュタインは「世の中は単純であるほうがいいが、過度な単純化はよくない」と語りましたが、45度線分析はアインシュタインの言う「過度な単純化」そのもの。いくらなんでも「販売単価が一定」とは、現実離れしすぎた仮定です。

書籍など一部の例をのぞき、実際のビジネスで「価格が下がらない」ことなどありえません。

つまりこの図は、世の中のほと

んどのビジネスに当てはまらないのです。

この図を信じてしまうと、「売上が増えれば利益も増える」と誤解し、それが「利益を減らす悪い売上アップ」を生んでしまうのです。

儲けは「1個の儲け」の積み重ね

売上　－　コスト　＝　利益

読者の皆さん、この「引き算式」をいったん忘れてください。

この引き算式は、決算書的な結果論としては正しいです。また「販売単価が一定」であればこの式で問題ありません。

しかし、この引き算式を信じると、「売上を増やす」ために値下げが誘発されてしまいます。値下げが行われる可能性があるような、「価格が動く」ビジネスでは、この引き算式ではなく、次のように考えてください。


儲けは「1個の儲け」の積み重ねで計算される。

どんな商売でも、自らの商品・サービスの「1個の儲け」を出すことから始まります。

「1個の儲け」は、販売単価から仕入単価を引いた金額です。

これをどれだけ積み重ねられるかで全体の儲けが決まります。

1個の儲け　×　販売数量　＝　全体の儲け
(販売単価　－　仕入単価)　×　販売数量　＝　全体の儲け

先の例でいえば、昨年は販売単価は5万円、仕入単価は3万円でした。

このとき「1個の儲け」は2万円です。これを100台売って全体で200万円の儲け。

今年の「良い売上アップ」は、販売単価を5万円から6万円にアップさせて、「1個の儲け」を3万円に高めました。これを100台売るから全体で300万円の儲け。

これに対して「悪い売上アップ」では、販売単価を4万円に下げるので「1個の儲け」が1万円に減ります。これを150台売るから全体で150万円の儲け。

これを図にしたのが図表1－5です。

良い売上アップでは「1個の儲け」が増えて厚くなり、悪い売上アップでは「1個の儲け」が減って薄くなったことに注目してください。

どんなビジネスでも、「1個の儲け」があり、その積み重ねが全体の利益となります。「全体の利益」が固定費を超えれば、その分だけ利益が出るのです。

この計算メカニズムは改めて第3章で説明しますが、ここでは「ビジネスは『1個の儲け』の積み重ねである」ことを覚えておいてください。

儲け（利益）は引き算ではなく、「1個の儲け」の足し算によって計算されます。

値下げは、その大切な「1個の儲け」を減らす危険な行為です。値下げによって「1個の儲け」が薄くなると、売上が増えても利益が減ります。

ビジネスの儲けを決めるのは、売上ではなく、「1個の儲け」。

モノを売るのであれば、1個売ってどれだけ儲かるか。サービス業であれば、1回のサービスでどれだけ儲かるか――ここが最初のスタート。

そして値決めは「1個の儲け」を決める勝負ポイントです。

売上ではなく、値決めが利益の大きさを決めるのです。

図表1-5　良い売上アップと悪い売上アップの「1個の儲け」

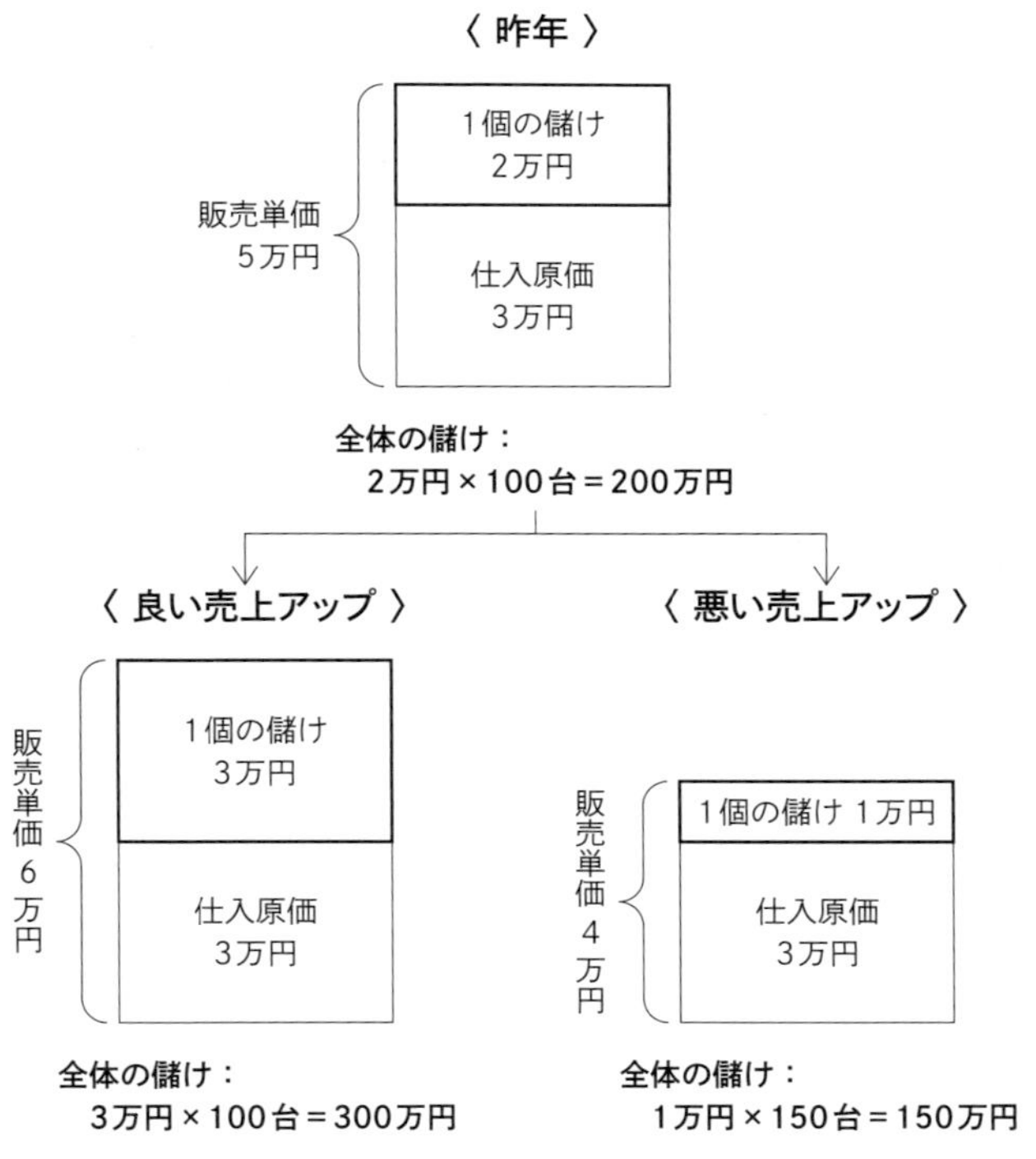

3 間違った「売上重視」に正しい答えを出すと、会社が潰れる

スケールメリットの崩壊

ヤマダ電機の赤字転落からわかること。それはスケールメリットの崩壊です。

かつての長い成長の時代、わが国ではメーカー・小売り一体となって「たくさん作って・たくさん仕入れて・たくさん売る」良い循環をつくってきました。

このような循環で、下請メーカーから大手メーカー、そして流通まですべての会社が儲けてきました。会社は事業を拡大し、たくさんの従業員を雇い、多額の税金を国に納めます。

スケールメリットは、企業・国民・国家のすべてを幸せにしてきました。

スケールメリットがうまく回るためには、顧客がたくさん買ってくれないといけません。

図表1-6　スケールメリットの正体

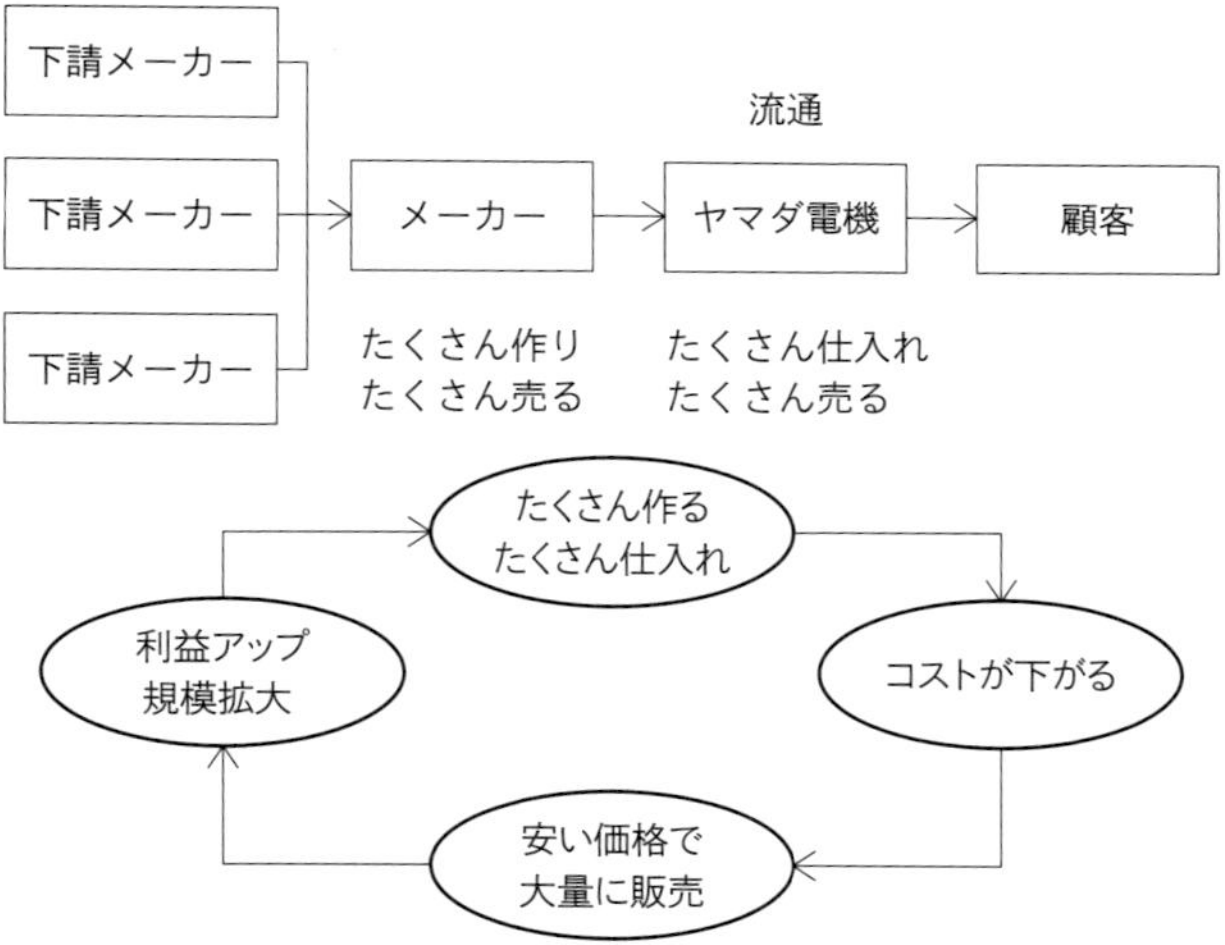

もし顧客が買ってくれなければ、この循環は止まります。

近年のスケールメリットの崩壊は、顧客が「安くても買ってくれない」ことが原因です。

少子高齢化による需要の減少、そして豊かな時代のモノあまり。「作れば売れる」時代から、「安くても買ってくれない」時代がやってきました。

しかし、そんな現実を直視せず、「きっと売れるさ」と安易な思い込みで無茶な販売計画を立てる会社がまだまだ多いのです。

それが「売上予算重視」の傾向

です。

予算――この言葉を聞くだけで寒気がするビジネスマンがたくさんいることでしょう。

予算は、「会社の、会社による、会社のための」管理ツールです。

お客さんには何の関係もなく、またメリットもありません。

顧客満足の対極に位置する、会社の内部管理ツールです。

多くの会社で、この予算の作成に多大な労力が割かれています。ビジネス経験豊富なマネージャーたちがお客さんのもとを離れ、暗い部屋に閉じこもって予算の数字と格闘しています。

それでも意味があるならいいのですが、意味がないどころか、害になっているケースが多いのです。

幸せが薄くなった不幸な会社は、3年くらいの中期経営計画をつくります。

次にこれを1年1年の数字に落とし込んで年度予算が組まれます。

しかしこの不況のさなか、なかなか予算の数字が達成できません。すると「お前たちの働きが悪いからだ」と従業員たちに疑いの目が向けられます。

こんどは従業員たちの日々の働きぶりを管理するため、目標管理が導入されます。

かくして業績が悪化していく不幸な会社では「中期経営計画→年度予算→目標管理」という順番で制度がつくられます。

この内部的な制度のために多大な時間がとられ、疲れ果てた従業員たちはもはやお客さんの満足など考えられるわけがありません。もちろん地域のことも、家族のことも、地球環境のことも考える余裕がありません。

「地球より、オレ（わたし）に優しくしてほしい」

そんな人々が社内にあふれ、上司の評価と目先の売上しか考えなくなります。

売上信仰よ、さらば！

予算の数字の中で、もっとも重要視されているのが「売上予算」です。

実際のところ、多くの大会社ではいまだ売上実績を基準に賞与が決められており、また、売上予算の達成度合いで人事評価が行われています。

チェーン展開するビジネスでは、各店舗の売上を競わせます。ネットショップの店長たちは、自ら進んで売上アップの計画を練ります。テレビでは「月商〇億円」のお店がヒーロー扱いされています。

「売上」はあらゆる会計数値のなかで、もっとも客観的に計算できます。「販売価格×販売数量」で計算される売上の計算には主観が入りません。だからこそ、部門や個人の「評価」が必要な大企業ほど、売上重視になりがちです。

この売上を予算で管理する「売上予算重視」が何を引き起こすか？

すでに見た通り「値下げ」です。

しかしいまや価格を下げても、なかなか買ってもらえません。値下げで「1個の儲け」が減って「悪い売上アップ」まっしぐら。早く「悪い売上アップ」の呪縛から逃れないと、この先、給料の高い大企業では、さらなる、人件費カットの嵐が吹き荒れることでしょう。

私たちは時代の大きな変わり目にいます。

スケールメリットのもとで生まれた「売上重視」はすでに時代遅れです。

多くの経営者がその事実に目を背けるどころか、さらなる「売上の増加」で経営を立て直そうとしています。これでは会社が不健康な「売上デブ」になるだけ。

私たちはそろそろ売上大好き、「売上信仰」を卒業しなければなりません。

スケールメリットどころか、スモールデメリットな環境。

大企業も中小企業も自営業も、「売上重視」を掲げ、値下げしている場合ではありません。

くれぐれも「時代遅れの間違った常識」にはまらないよう気をつけてください。

そんなことをしたら、すぐに会社が潰れてしまいます。売上が増えているのに粗利が減っていたら黄信号。

すべてのビジネスマンに、マッキンゼー・アンド・カンパニーを立ち上げた創業者の一人、マービン・バウアーの言葉を贈ります。


「企業が躓《つまず》くのは、正しい問いに間違った答えを出すからではなく、間違った問いに正しく答えるからである」

売上からスタートしてしまうと、会社がおかしな方向に向かいます。値下げ圧力の強いときに、売上予算を重視するなど、「間違った問いに正しく答える」愚行そのもの。

ビジネスの目標は、売上を大きくすることではありません。

「売上が増えれば利益が出るだろう」と漠然と信じる経営者は、恋愛でいえば「1回食事すれば、結婚できるだろう」と思い込むアホレベル。

一刻も早く売上重視の「悪い値決め」と決別し、「1個の儲け」から組み立てる「良い値決め」発想に転換しましょう！

第2章

ドッグ（DOG）ビジネスは「無料」に向かう

ヤマダ電機の赤字転落。

そこに、どうしても見逃せない点があります。それは「デジタルの不振」です。デジタル家電といわれる液晶テレビ・デジタルカメラ・DVDレコーダーは大ヒットのあと、あっという間に価格が下落。そう、デジタルはあっという間に値下がりするのです。

値下げしたくなかったら、「デジタル」の意味と、それが値下がりしやすい理由を解明しておかねばなりません。

私がにらんだところ、価格下落の激しいデジタルは、オンライン、グローバルと結びついて「悪の秘密結社」並みの悪さをしています。

この「悪の秘密結社」通称DOGにやられると、報酬が「無料」になってしまう職業もありそうです。これは見逃すことができません。

さあ、ご一緒に「DOG」の正体を突き止めましょう!

1 デジタル・オンライン・グローバルが生んだ「新・負け犬」

デジタル世界では価格破壊が進みやすい

そもそも「デジタル」ってどんな意味なのでしょう?

digital はもともと「人の指」の意味です。私たちは数を数えるときに指を使います。これが転じて、デジタルは「数字を使う」という意味で用いられます。変化を0と1の数字の組み合わせで表現するのがデジタル。

そのデジタルの反対がアナログ。アナログは連続的な変化をそのまま表現します。だからデジタル時計はキリのいい数字で時刻を表現し、アナログ時計はじわじわ動く秒針で時刻を表現するわけです。

その昔、指から始まり、計算尺やソロバンによって行われた計算が、コンピュータの登場によって一変しました。

コンピュータは大量の計算を、瞬時に処理するのが大の得意。これによって文字・画像・音声などを細かい数字のデータに変換し、計算・保存することが可能になりました。

デジタル時代の幕開けです。

アナログなレコードに記録された楽曲は、デジタル音声データに変換されCDになりました。テレビ画像・音声も、すべてデジタルデータとなって放送され、それを私たちは地デジ（地上デジタル）テレビで見ています。

いまや文字・絵・音声・映像データなど、あらゆるデータがデジタル化されています。

各種の情報をデジタルデータに加工・編集し、配信する作業は、技術進歩でどんどん簡単になりました。コストも安くなっています。

パソコンをはじめとするデジタルマシンの価格もどんどん安くなっています。基本的にデジタルマシンを作るのにアナログな職人芸はいりません。

必要な部品を用意して、それを組み立てればいっちょあがり。

豪華で品のあるアナログ時計はスイス職人しか作れませんが、デジタル時計であれば中国の工場で作ることができます。

――ここにデジタルの落とし穴があります。

デジタル家電を扱うビジネスでは、中国・韓国・台湾などコストの安い国のメーカーと価格競争をしなくてはなりません。

その昔、アナログな職人的技術を駆使して作ったVHSレコーダーは同性能の製品が半額になるまでに8年を要したそうですが、デジタル部品の寄せ集めで作るDVDレコーダーは半年で半額になったそうです。

ビデオレコーダーに関していえば、アナログよりデジタルの方が16倍のスピードで価格下落が進んだわけです!

アナログは価格が下がりにくいが、デジタルは価格が下がりやすい。

この法則はデジタルマシンだけでなく、デジタルデータについても当てはまります。

デジタル・オンライン・グローバルが結びついたDOG

昔、ジャケ買いというのがありました。

ついカッコいいジャケットのレコードを買ってしまうジャケ買い。私も何枚レコードをジャケ買いしたことやら。

しかし、いまやアナログのレコードではなくデジタルのCD、そしてiTunesで音楽を買う時代。「オンライン」でデータだけを買うようになってジャケ買い世代の青春は終わりました。

本も同じです。紙の書籍が電子書籍になり、それがオンラインで販売されています。

新聞も、雑誌も、マンガも、あらゆるものがデジタルデータとなって、オンラインで売られています。

はじめはディスクなどで売られていたデジタルデータが、いまや「オンライン」で配信されるようになりました。

デジタルデータはオンラインと相性抜群。文字も音声も画像も、デジタル化された各種の情報は、インターネットを通じて世界中に配信され、私たちは世界中のデータをパソコンやスマホで見られるようになりました。

ネット上には、無料のコンテンツがあふれています。

ニュースなどいくらでも無料で見られるようになって、新聞は売れなくなりました。


ヤマダ電機はショールーミング現象によって、激安ショップと戦うハメになりましたが、新聞は、無料のニュースサイトと戦うのですからもっと深刻です。

なにせ、敵は「無料」なのですから、これに安さで対抗しようとすれば、破滅を招くのは当然のこと。

無料との対決――新聞はとんでもない強敵と戦うことになったものです。

デジタルからオンラインへの流れは、必然的にもうひとつのうねりを巻き起こしました。

それが「グローバル」です。

もともと世界がつながるネットの性質上、データの出し手と受け手がグローバルにつながるのは必然の流れ。

あらゆる国のニュースや情報を、私たちは簡単に無料で手にすることができる時代。

そんなデジタル（digital）・オンライン（online）・グローバル（global）なＤＯＧ環境は、

いくつかのビジネスに深刻で無慈悲な「価格の下落」をもたらします。

かつて1970年代、ボストン・コンサルティング・グループは、経営資源を最適に配分するプロダクト・ポートフォリオ・マネジメント（PPM）という手法を提唱しました。

PPMによれば事業は、金のなる木（cash cow）・花形製品（star）・問題児（problem child）・負け犬（dog）の4つに分けられます。

ここで「負け犬」は、市場成長率・市場占有率ともに低く、撤退を検討すべき領域です。

デジタル時代のDOGは、そんな生やさしいものではありません。

なにせ、ボーッとしていると周りに引きずられて、自分の仕事が「無料」になってしまうのですから！

自らの知識・経験・技術をデジタルデータに変換できるビジネスは要注意です。

そこではもうすでに「無料への死の行進」が始まっています！

DOGたちと戦うべきか、戦わざるべきか

かの「孫子の兵法」にいわく、「彼を知り己を知れば、勝、すなわち殆《あや》うからず。天を

知りて地を知れば、勝、すなわち窮まらず」。

自分のことを考えるだけでなく、敵をよく観察し、そして天＝季節・気象などのタイミングと、地＝どんな事業エリアで戦うかをよく見極めろとの教えです。

私たちはつい自分の強み・弱みと、ライバルのことだけを考えがちですが、それだけではいけません。

どんなタイミングで、どのエリアで事業を行うべきなのか、その環境をしっかり見極めましょう。

デジタル時代のＤＯＧ環境は、次の３つの特徴を持っています。

Ｄ・デジタルデータの世界では、マネやパクリ、コピーが横行します

Ｏ・オンラインの世界では、日本中・世界中のライバルと安値競争が起こります

Ｇ・グローバルの世界では、仕事がコストの安い国に奪われます

この３つが複合的にやってくるのがＤＯＧ環境です。

ＤＯＧに噛みつかれると「マネされたうえで、世界を相手に、安値競争をする」熾烈な消耗戦に巻き込まれます。

すべてのビジネスは分岐点に立たされています。

目の前の道は、大きく2つ。

ひとつはあえてDOGたちを相手に戦うことを選ぶ道。

もうひとつはDOGと戦わないことを選ぶ道です。

現在のところ、大手企業は相変わらずスケールメリットを追求しながら、売上重視でこの難局を乗り切ろうとしています。

ビジネスのIT化を進めつつ、「グローバル人材を育成せよ」などと叫びながら、海外に活路を拓こうとしています。これはあえてDOGと戦う道。

これを成功させるためには、IT体制を整え、海外での生産・物流・販売体制をつくり、グローバルな経営人材を育てなければなりません。

この道を選び、健闘している会社もあります。

GAPやH&M相手に戦うユニクロ、イケアを相手に戦うニトリなど。

しかし、この道で勝ち残ることは大企業といえども簡単ではありません。

そろそろ、もうひとつの「DOGと戦わない道」を考えるべきときがきています。

戦うべきか、それとも戦わざるべきか。そのカギを握るのが「値決め」です。

これからも成長するアジアをはじめ、世界に進出してスケールメリットを活かし、とにかく「安い価格」を目指すのが、DOGと戦う値決め。

そしてスケールメリットを求めず、小さく居心地の良い空間をつくりながら「高い価格」を目指すのが、DOGと戦わない値決めです。

すべての経営者は、自らどちらに進むのかを決めないといけません。

そうでないと、この先、ずるずる不本意な値下げ地獄に巻き込まれます。

近年、大手通信会社やゲーム・ソフトウェアの制作会社、情報システム関係の会社などのIT業界が脚光を浴びています。これら「新しく、きらびやかに見える業界」は、新卒の学生さんにも就職先として人気が高い様子。

しかし皆さん、どうかお気をつけください。

これら競争の激しいDOG業界で、「高い価格」を付けるのはなかなか難しいです。

多くの会社が「安値競争」に巻き込まれ、やむなくコスト削減を始めています。コスト削減は当然、人件費にも向かいます。

悪名高い「ブラック企業」がこれらの業界に多いのは、必然の結果なのです。

DOGな価格競争は、すでにその他の業界にも広がりつつあります。

「まさか」と思われる意外な業界にも、その影響が出始めているのです。

2 無料に向かって死の行進が始まった！

幻だった「コンピュータ・英語・会計」リテラシー

デジタルの特徴は、劣化なくコピーができることです。

それがオンラインで、世界中グローバルに広がるのだから困りもの。

情報がタダで流れる世の中、あらゆる業界で情報の優位が崩壊し始めました。

そんなDOGたちとの争いで「最初の被害者」となったのが、専門知識を売り物にしていた専門家です。

弁護士、会計士、税理士……専門家たちの報酬が激しく下落しています。

「合格しても食えない」難関試験合格者たちの存在が、社会問題となっています。

とくに、もっともデジタルと相性の良い「数字」を扱う会計士・税理士たちの会計事務所が経営難に苦しんでいます。

先生におカネを払って教えてもらわなくても、ネットを調べればたいていの問題について、無料で答えを知ることができます。

記帳代行や決算書・税務申告書の作成など、定型業務の顧問報酬は下落に次ぐ下落。エクセルや会計ソフトによって仕事の多くが自動化され、作業時間が大幅に短縮されました。

そしていまや、会計業務の多くは、アジアに外注されています。

DOG環境は、これまで長い間「食いっぱぐれがない」といわれていた会計業界を一変させました。

専門家だけではありません。

情報の優位が崩壊するなかで、「何かを伝える」新聞や雑誌、「何かを教える」講師や先生の報酬が下落しています。

かつては街のあちこちで見かけたパソコンスクールの看板ですが、最近見かける機会がめっきり減りました。

英語を学ぶスクールも、激しい価格下落に見舞われています。

いまやデジタル化された音声・動画教材によって、パソコンで英語を学ぶことができます。またスカイプなどを用いて、オンラインで先生と会話することも可能。最近ではネット英会話スクールがアジアに設立され、日本人向けに低価格でサービスを提供しています。

この先、海外の個人の先生からオンラインで英会話を習えるようになります。そんな環境で、日本の英会話スクールの価格がますます安くなっていくのは避けられません。

被害はネットショップにも及んでいます。小さなネットショップの店長たちは、工夫を凝らしてショップの画面をデザインし、品揃えに知恵を絞っています。

大企業が元気をなくして人件費カットに血眼な今のご時世、個人が経営するネットショップの活躍は日本の希望です。

しかし、ショップの画面デザインやメッセージにせよ、品揃えや売り方にせよ、どこかの店が成功すると、すぐさまそれをマネする輩《やから》が現れます。画像・デザイン・メッセージ、すべてネット上のデジタルデータだから、誰でも容易にパクることが可能。

私は店長たちから「くぐる」という言葉を教えてもらいました。

「ググる」かと思ったら、そうではないようです。タコ焼きの「くくる」ともちがいます。

「くぐる」は潜《くぐ》るの意味。商品や売り方をソックリマネしたうえ、それより「すこしだけ安い」価格を付けてくるのが「くぐる」。相手が大手企業の場合、アジアで作った安い商品をぶつけてきます。

「くぐりDOG」は、もはや狂犬です。やられるほうは、たまったものではありません。こんな狂犬ライバルに噛みつかれたら最後、なかなか放してもらえません。

「もっと安く、もっと安く、もっと安く」

相手にしていたら、果てしなく価格は下がり続けます。

オンライン環境に秘密はありません。すべてはネット上でオープンです。ネットショップの新商品やうまくやった方法はすぐライバルに知られます。

DOGに噛みつかれたデザイナーの不幸

ネットショップのノウハウから、会計事務所の顧問報酬、和尚に渡すお布施の相場までネットでガラス張りにされる世の中。

知識を売り物にしてきた専門家、新聞・雑誌、先生や講師の情報優位が崩壊しています。

「コンピュータ・英語・会計」といったビジネススキルなど、液晶テレビと同じくコモディティー（日用品）化し、いまやそれで出世したり、転職が成功することはありません。

安売りされるのがコモディティーの宿命です。

そんなスキルを売り物にする学校や、この3つに関係した仕事を行う業界はもっとも価格が下がった業界になりました。


ずいぶんと重苦しい話が続きました。

ここで、とっておきの「暗い話」をすることにしましょう。

私は予言します。

これから先、いくつかの職業では「無料」に向かって報酬が下落します。

もっとも危険な立場にいるのが「DOG環境に相性が良すぎる個人サービス業」です。

たとえば個人経営のデザイナー、講師、プログラマー。


すでに苦境を迎えた、私の知人Aさんのお話です。

知人の女性デザイナーAさんは、デザイン事務所を辞めて独立開業しました。

自宅のそばに小さなオフィスを借り、そこでイラストやデザインの仕事をしています。

仕事のほとんどはパソコンで行っているそうです。

イラストレーターやフォトショップなどのソフトを使って、可愛いイラストを作ります。また会社や個人のウェブサイトを作る手伝いもしています。

独立開業した当時は、知人の紹介もあって仕事が舞い込み、アルバイトを数人雇うほどの繁盛ぶりでした。

最近、そんな彼女の顔がやつれています。明らかに疲れ気味。

思わず心配になって訊いてみました。

「最近調子はどう?」

Aさん、「忙しいわりに、全然儲からなくて……」と正直な告白。

くわしく事情を聞きました。


Aさんの場合、基本的に自分一人の仕事なので、売上はそのまま懐に入ります。

どうして忙しいのに儲からないのかといえば、「報酬単価が安すぎる」からです。

仕事の単価が安いので、仕事をたくさんこなすしかない。仕事をたくさん抱えると、どうしても雑な「こなす仕事」になってしまう。

忙しくてやりたいことができず、目の前の仕事を片付けるだけで精一杯。「仕事が楽しくないんです」。うつむきがちなAさん。

彼女のみならず、多くの個人サービス業の人が同じような悩みを抱えています。

イラストやウェブデザインの仕事は、あまりにもDOGと相性が良すぎます。

まずイラストやデザインの仕事は、完成品がデジタルデータです。簡単にマネができ、一生懸命に制作したデザインは、一瞬でパクられてしまいます。

デザインの仕事はネットの仕事紹介サイトで探すことができますが、その価格は下がる一方。デザインは日本語の壁を越えるため、世界中どこの国のデザイナーでも応募できます。だから世界中の同業者たちと戦わないといけません。

彼女がこの苦境から抜け出す方法はあるのでしょうか？

デザイナーの報酬が下がる理由は、変動費ゼロのコスト構造

デザイナーの仕事は、自分の才能とパソコンだけで始めることができます。

材料費などの変動費は、ほぼゼロ。

ということは人件費とパソコン、ソフトウェア、家賃だけでコストが成立している固定

図表2-1　モノとサービス、値決めの下限のちがい

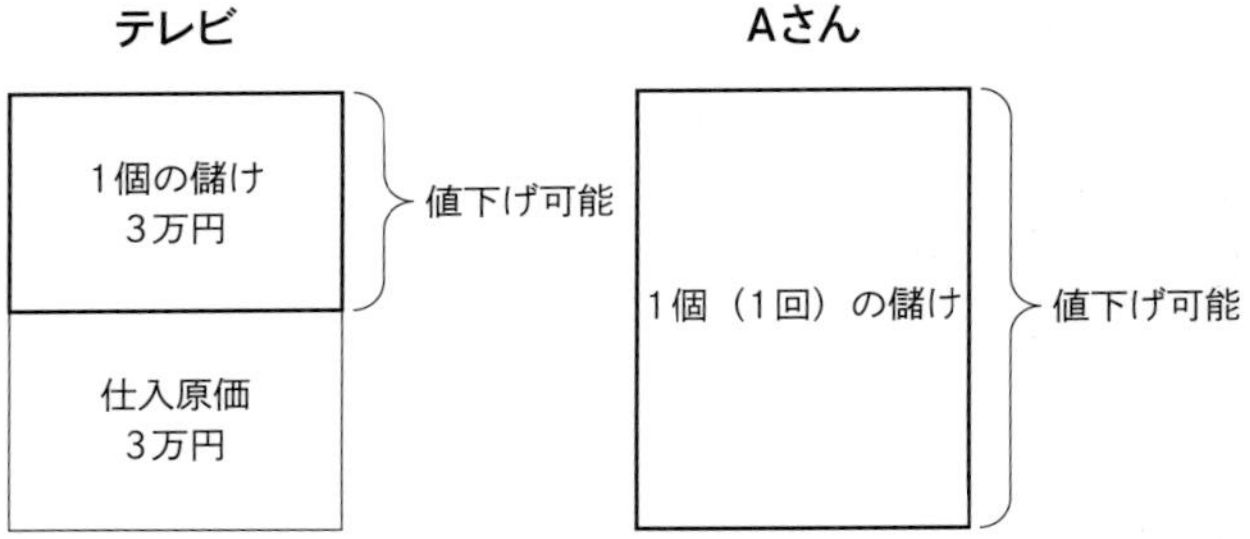

費ほぼ100％のビジネスです。

ここは「値決め」をするうえで重要なポイントです。

値決めには「変動費の価格が値決めの最低ラインになる」という法則があります。

たとえば、テレビを3万円で仕入れて6万円で売っている量販店では、仕入価格＝変動費の3万円が値決めの最低ラインです。

3万円で仕入れた商品を、それ以下の価格で売ると赤字です。

よってこの価格が値決めの下限になるわけです。

これは逆に言えば、3万円までは「値下げ可能」であることを意味します。

Aさんはどうでしょう？　彼女は変動費がゼロのサービス業。

ということは報酬が「ゼロ（＝無料）まで値下げ可能」であることを意味します。

ぶらぶらヒマにしているくらいなら、1万円でも1000円でも稼いだほうがマシ。

広い世界のどこかに「ヒマにしているくらいなら1000円でも」と考えるデザイナーがいるかもしれません。

DOGとの価格競争において、デザイン報酬は「無料」に向かってしまうのです！

私たちはこれまでにない、難しい判断を迫られます。

それは「どこまで激安店の値下げに付き合うか」という判断です。

実際、ヤマダ電機では値決めを店長に委ねる体制を改め、地区ごとの担当者が値決めする体制に切り替えたそうです。これによって「激安店の価格には付き合わない」ことを決め、2013年度上半期の赤字を挽回、通期では黒字を確保しました。

これまで安値一辺倒だったヤマダ電機にさえ、「もうこれ以上は下げられない」と決意させるDOG環境。

すこしでも油断すると、周りに引きずられてずるずる「値下げ」が始まります。

どこかで「値下げするのは止めよう」と決意しない限り、値下げは止まりません。

だとすれば、なんとか「別の値下げ」をするか、あるいは「上手に値上げ」するしか手はありません。

デザイナーAさんに授けた交渉の秘策

私はデザイナーAさんに秘策を授けました。

彼女の仕事単価が安い原因は明らか——それは値決めの交渉が「ド下手」なことでした。デザインのクオリティーでも、サービスメニューの問題でもありません。彼女自身の「交渉ベタ」がすべての原因だったのです。

Aさんは、相手先との仕事内容の相談、納期スケジュールの確認、そして報酬金額の確認まで、すべて自分1人で行っていました。

……これではダメです。

高い報酬が取れるワケがありません。

なぜなら笑顔で仕事の内容・スケジュールを打ち合わせした好人物は、最後のお金の話で「その安い金額では受けられません」と言いにくいからです。守銭奴のように思われたくないので、先方の「これしか出せないんです」という低価格を飲まざるを得ない。

こんな「言いなり交渉」では、どれだけ技術を磨いても、高く売ることはできません。

このような「言いなりプライシング」を脱すべく、私は彼女に「自分で価格交渉をしてはいけない」とアドバイスしました。

価格決定権を持っている人間が交渉に臨んでしまうと、安い単価や値下げの要請を断れません。ビジネスライクになりきれない人は、自分で価格交渉をやってはいけないのです。「残念ながら私は価格を決める権限を持っていません。後ほど担当者から連絡させていただきます」といってその場を立ち去ること。

そのあとで値決め担当・敏腕マネージャーから連絡を差し上げるのです。これで「無茶な低価格提示」をやんわりはねのけつつ、こちらが考える価格を提示することができます。

これでOK。

安い仕事に苦しむサービス業の皆さんはどうぞ参考にしてください。

え、敏腕マネージャーがいないときはどうするって？　いまどきメールアドレスくらい、いくつでも取れるでしょう。最後まで言わせないでください（笑）。

Aさんには、交渉ベタ以外にもうひとつ重要な「値決めのポイント」がありました。

人づての紹介で仕事を増やしてきた彼女の場合、どうしても「前の仕事の単価」が新たな仕事単価の基準になります。

X社の仕事で評価され、そこからY社を紹介してもらった場合、「Y社だけ値上げ」することは難しい。

このように、なんらかの金額が基準となってしまうことをアンカリングといいます。

サービス業の値決めにおいて、アンカリングには注意しなければなりません。

「人は、何かの金額を基準にして、ほかの金額を判断する」

この心理的なアンカリング特性をあらかじめ知っておけば、メニューや報酬金額の設定について配慮することができます。Aさんもメニュー内容の全面的な改定を行い、その金額もすべて見直しました（アンカリングについては第7章で改めて説明します）。

そのほか、Aさんには、いくつかアドバイスしました。その内容は本書の後半で取り上げていますので、同じ境遇の方は参考にしてください。

とにかくDOG環境で「相手の言うがままに値下げする」ことだけは、ぜったいにしてはいけません。このことを肝に銘じておきましょう。

3 DOGから離れ、CATな場所を目指そう

DOGたちと争う場から脱出せよ

多くの士業やサービス業たちが、周りに合わせて値下げを繰り返しています。

これぞ「悪い値決め」です。

「自分の身体ひとつで始められる」サービス業の値決めは、「自分に価格をつける行為」です。だからこそ謙虚な日本人は強気になれません。

あまりにも高い価格を先方に伝えてしまうと「金の亡者と思われるのでは?」といった不安が脳裏をよぎります。

しかし、そろそろ心を決めてください。このままではぜったいにまずいです。

専門知識の優位が崩壊し、あらゆる秘密がオープンになり、マネが横行するDOG環境

では、無料への行進が避けられません。

ずっと謙虚なままでは、カネがなくなって生活できなくなるか、働きすぎで身体を壊すかのどちらかです。

値下がり圧力の強い環境で、「変動費ゼロ」のサービス業はとくに危ない。同じく「変動費ゼロ」のライバルたちが安値で嚙みついてくるからです。

とくに、「安さ」だけを売り物にする「数字に弱い」ライバルに囲まれた業界は要注意です。

①変動費ゼロのコスト構造
②デジタルと相性が良すぎる
③数字に弱いライバル多数

日本経済が不況から脱却できたとしても、この3つが揃った業界では、この先も「無料」に向かって報酬下落が進みます。どうぞ気をつけてください。

いまや大企業でも、モノを作って売る工業型のビジネスから、デジタルデータを売る情報型のビジネスにかたちを変えてきています。

そんななか、あまりにも安易な無料キャンペーンや、やけくそのような安値を目にします。大企業から中小企業、個人のサービス業のすべてを「悪い値決め」が飲み込むいまの日本。すべての情報・サービスにかかわる人間はDOGたちと戦う「無料への行進」から脱出する方法を探さねばなりません。

DOGと戦わないための3つのステップ

あえてデジタル・オンライン・グローバルなDOGと戦う道を選ぶなら、私は止めません。そんな会社にはがんばってほしいと思います。

ユニクロやニトリのように世界と互角に戦う会社は、日本人の誇りでもあります。

しかし、その戦いで勝利を目指すのは容易ではありません。

相当の資本力が必要ですし、また多数の優秀な人材が必要です。

ほとんどの会社は、その道を選ぶべきではありません。

小さき者たちは、もっとしたたかに「別の道」を進むべきだと思います。

それがDOGと戦わない道です。

利益なき繁忙に苦しむデザイナーAさん、士業など専門家や講師・先生、すべてのサービス業の人たちに私は「応援のエール」を送るべく、アドバイスをしたいと思います。

ＤＯＧと戦わない道を歩むには、３つのステップがあります。

①値下げのメンタルブロックを外す

値下げと決別するためにまず、「値下げするしかない」という思い込みを捨てましょう。

長引く不況で日本人は値下げに対する思い込み、メンタルブロックに侵されました。

「安くしないと売れない」――これはほかでもない、自分自身の心のなかにある思い込みの病です。

これとの決別なくして、どれだけ値決めの技術を学んでも、「値下げ」を止めることはできません。

私たちは「良いものを、より安く」が常識だと思っています。

これはどう考えてもおかしい。間違いです。良いものは高くて当然。

悪いものは安く、良いものは高い。これが常識というものです。

たしかに以前は「良いものを、より安く」が正解でしたが、いまや時代がちがいます。

ヤマダ電機が赤字になり、あのイオンでさえ総合小売り事業で赤字になる時代です。

「良いものを、より安く」はユニクロとニトリに任せて、私たちは「良いものを、より高く」を目指しましょう。価値のある良いものを作って、それを「高い価格」で売るのが商売人というもの。

デザイナーAさんは、イラストを作るために、過去の人生、さまざまに学び、苦労してきました。彼女のデザインは、そのすべての努力の結晶です。先生の講義には、過去の人生すべてが反映されています。それが安く売られていいはずがありません。

アウトプットはデジタルでも、そこにすべてのアナログな努力が隠されています。

私はAさんに、ピカソのエピソードを紹介しました。

あるカフェで彼を見つけた御婦人から「私をスケッチしてくださる?」と頼まれたピカソ、サラサラと肖像画を描き上げました。

「おいくらかしら?」と尋ねる婦人に対し、ピカソは「5000フラン」と答えます。

「5000フラン! たった3分描いただけで?」

と驚く御婦人に向かって、「いいえ」とピカソ。

「私はここまで来るのに、一生を費していますす」

私たちもこれを見習い、もっと自信を持って高い値決めをしましょう。

あなたにはその価値があるのだから。

②値下げの下限を知るため、値決めの数字を学ぶ

値下げについてのメンタルブロックを外したら、次は学びです。

まずは値決めの数字を学びましょう。

自分の仕事にかかる変動費はどれだけか？　これが値決めの下限になります。

次に、「1個の儲け」をひとつずつ積み重ねて儲けを出し、それが固定費を上回れば利益が出ます。このような「値決め↓1個の儲け↓全体の儲け」のプロセスを学んでいくと、儲けのメカニズムが見えてきます。

ここまでくればしめたもの。値下げや値上げといった値決めが「1個の儲け」に及ぼすインパクトが見え、商売を数字で読むことができます。

③値決めを成功させるマーケティング&心理学を学ぶ

最後の仕上げが値決めのマーケティングと行動経済学（ビジネス心理学）です。

イントロダクションで紹介したように、すでにアメリカでは単純な値下げや値上げを超えた、新たな手法が多数登場しています。ぜひこれを盗みましょう。

なぜアメリカで新手法が発達したのか、その歴史についても知っておきましょう。ルーツをたどれば、日本がモノ作りでアメリカをやっつけたころに遡ります。メイド・イン・ジャパン製品に敗れたアメリカは産業シフトを進めつつ、新しい値決め手法を編み出しました。

一方のわが国では、いまだモノ作り＝工業時代の「良いものを、より安く」の空気が支配的。スケールメリットを追いかけるコスト・プライシングばかりです。2つの国の値決めの技術的な差は開くばかり。これではいけません。

ぜひ、学ぶべきところは学ぶ謙虚な姿勢で、値決めの新手法を学びましょう。

レッドドッグから離れ、ブルーキャットのいる場所を目指そう

職場にパソコンが入り込んでからというもの、「業務の効率化」が仕事のキーワードになりました。職場からは曖昧さやムダが排除され、数字で表現できる具体的な仕事がよしとされています。

そこで働く個人には、「コンピュータ・英語・会計」をはじめ、ロジカルシンキングやコーチング、プレゼンテーションなど、「具体的に学べてすぐに役立つ」ビジネススキル

が勧められました。そんなデジタルな仕事環境で、私たちはロボットのように働かされています。

結局、そんなデジタルで効率重視な方向性は、DOGと戦う道のりだったのです。

これからはDOGと「戦わない道」を目指しましょう！

それがDOGの反対、CATのいる世界です。

CATはデジタル・オンライン・グローバルとは、正反対の特徴を持つ世界です。

① Digital から Analog（不思議な魅力）へ

コンピュータには作れない不思議な魅力（＝アナログ）を目指しましょう。

「なんだか楽しい」ビジネス、「不思議に魅力的」な人間……そんなアナログ世界をつくれればコンピュータに仕事を取られません。

② Online から Touch（共感と触れあい）へ

買い手に共感してもらえる、触れあい（＝タッチ）をつくりましょう。

商品、情報、技術を売るだけでなく、手作り感や思いを含めて伝える……そこにタッチ＝共感してくれるファンができれば、値下げしなくても大丈夫。

③ Globalから Cozy（居心地の良さ）へ

安さよりも、こぢんまりした居心地の良さ（＝コージー）を目指しましょう。やすらぎや楽しさあふれる、小さくて居心地の良い空間をつくりましょう……そうすれば世界の安さに対抗できます。

Cozy で Analog で Touch な世界がＣＡＴです。

犬から猫への転換が、値下げ地獄から抜け出す秘訣です。

ＤＯＧからＣＡＴのいる場所への旅——それは、私たちがデジタル社会で失ってしまったものを取り戻す道のりです。

●ＤＯＧは、性能・機能などのスペックを競いあう男性的な競争の場
●ＣＡＴは、楽しさ・心地良さを分かちあう女性的な共感の場

ＤＯＧで戦わず、そこから抜け出すには、女性的なＣＡＴ感性が必要です。男性経営者が支配する大企業では、その発想の転換ができません。

W・チャン・キムとレネ・モボルニュは、著書『ブルー・オーシャン戦略』にて、競争の激しい「レッド・オーシャン」を避け、競争相手のいない「ブルー・オーシャン」で戦う戦略を提唱しました。

もともと男性は、競争が好きな生き物です。だから「血に染まった値下げ競争の場＝レッド・オーシャン」に進んで身を投じます。

そんなDOG争いが好きな人たちのことを「レッドドッグ」と呼びましょう。

そんな競争の場を離れ、「青々と広がる未開拓の市場＝ブルー・オーシャン」で、居心地の良い共感の場をつくるのは女性の得意とするところ。

そんな触れあいCATたちのことを「ブルーキャット」と呼びましょう。

さあ、「良いものを、より安く」売るレッドドッグたちの場を離れ、「良いものを、気持ち良く高く」売るブルーキャットのいる場所を目指しましょう！

第3章

値下げが成功する場合、失敗する場合

厳しい安値競争を展開するレッドドッグたち。

これに付き合って値下げするのは、終わりない消耗戦の入り口です。

安易な値下げは禁物。しかし、値下げがすべてダメかといえばそうではありません。

ある条件をクリアすれば値下げで増益は可能です。

本章では、「値下げ成功のカギ」の謎に挑みます。

マクドナルド・ハンバーガーの値決めの変遷をたどりながら、値下げ戦略の成功条件について解明を試みます。

数字がたくさん出てくる難所ではありますが、どうかついてきてください。

ここを理解すれば、「値下げ成功のカギ」が見つかります。

ただ、それを見つけたとき、大きなため息をつくことになっても、私は責任は持ちませんが……。

1 儲けの少ないハンバーガーをどうして値下げできたのか？

半額以下に値下げして利益が5倍になった理由

食材から作り方まで、そのすべてがとことん標準化され、世界のどこでも同じ味が食べられるハンバーガー。

世界規模で安く原材料を調達し、規格化された同じ方法で作る、そんなデジタル時代の、世界的な勝ち組企業がマクドナルドです。

わが国では、そのマクドナルドに異物混入騒ぎが起こりました。

この種のトラブルや噂があっという間に伝わってしまうのがネット社会の怖いところ。

２０１４年に発生したトラブルで客足が遠のき、マクドナルドは赤字に転落しました。

ところでこのマクドナルド、これまで何度となくハンバーガーの価格を変更してきました。安くしてみたり高くしてみたり、成功したり失敗したり。

同じ製品の価格をここまで変更してきた例は、ほかに見当たりません。

この章では、ハンバーガーの値決めを振り返りつつ、その成功と失敗の歴史を振り返ることにしましょう。

わが国がデフレになってからしばらく、マスコミはマクドナルドのことを「デフレの勝ち組」と賞賛していました。

その象徴ともいえるできごとが、1994年の「100円バーガー」の大成功です。

それまでずっと210円だったハンバーガーの価格を、半額以下の100円にまで引き下げた値下げ。この値下げでマクドナルドは大幅な増益を達成しました。セール期間中の経常利益は5倍になった模様です。

価格を半額に下げて、儲けが5倍――なんと素晴らしい成功でしょう！

でも、これを誰かがマネしても成功しません。利益が増えるどころか、きっと大幅な赤字が出て、ヘタすると会社が潰れてしまうかもしれません。

図表3-1　210円バーガーのコスト・利益構造

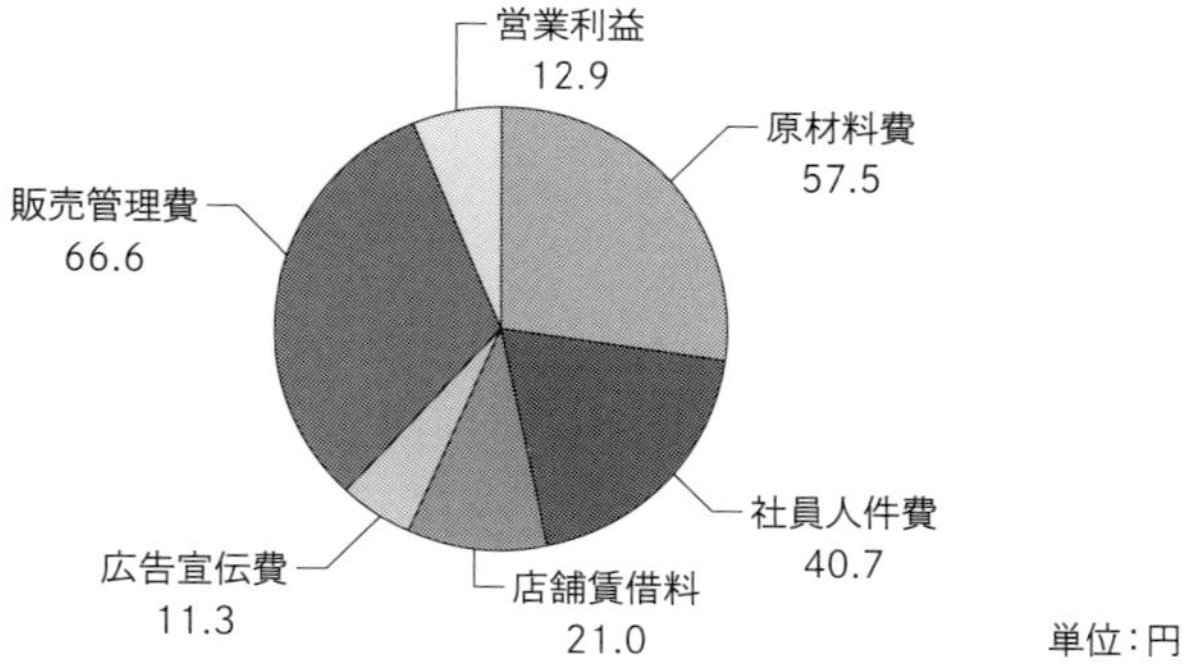

ではなぜ、当時のマクドナルドは増益を達成できたのか？

ご一緒に「100円バーガー成功の謎解き」を始めましょう。

値下げ前、1個の利益は12・9円だったハンバーガー

ここで謎を解くカギとなる「重要データ」を紹介します。

図表3－1を見てください。これは値下げ前のハンバーガー売価の「コスト・利益」の割合を示した「儲けの円グラフ」です。

1個210円のハンバーガーには、原材料費や社員の給料、賃借料、広告費などさ

まざまなコストがかかっています。

これらのコストをすべて差し引いた1個当たりの利益は12・9円しかありません。

210円のハンバーガーを売って、儲けはたったの12・9円！

ここで並の経営者なら、値下げなど思いつかないことでしょう。

ところが、マクドナルドは敢然と値下げして大増益を達成しました。

――その増益のカギが「変動費と固定費」の内訳です。

実はハンバーガーにかかわるコストのなかで、変動費は原材料費だけです。

そのほかはすべて固定費的な性格を持つコスト。

実際、210円ハンバーガーにかかる変動費は、意外に低い57・5円。

すでに第2章で触れましたが、「1個当たりの変動費」は値決めの際に下限となります。

すべての商売において、変動費以下の価格で売ることはありえません。

だから変動費の割合が高い商売では値下げしにくい。よって値下げは、変動費が少ない＝固定費が多いコスト体質に向いている戦略なのです。

マクドナルドは「変動費の少なさ」によってハンバーガーを値下げすることができました。

図表3-2　変動費＆1個の儲け

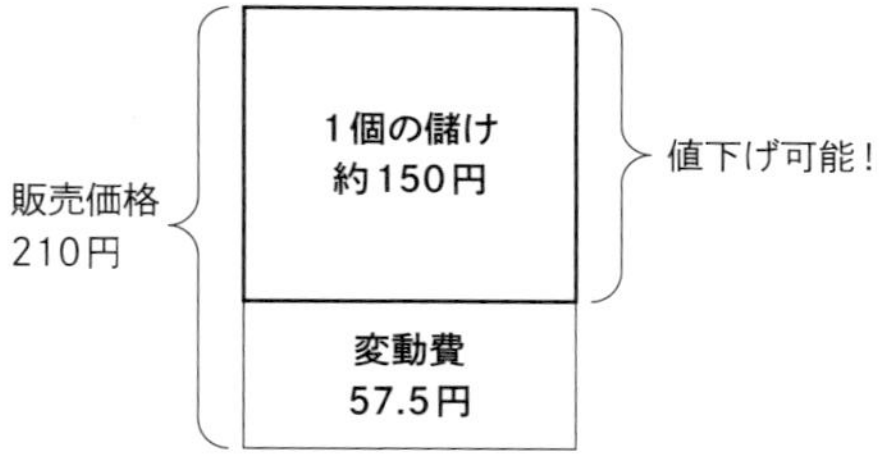

20円値下げの失敗から学んだ教訓

２１０円で売られていたハンバーガーの変動費は57・5円。

この57・5円が値決めの下限ということは、そこまでの値下げができるということです。

「値下げ可能な幅が大きい」ことから、マクドナルドは「値下げ」を決断しました。

値下げを決めたマクドナルドですが、それまでの２１０円をいきなり１００円に下げたわけではありません。

そのまえに期間限定・地域限定でさまざまな試みを行っています。

１９９１年、宮城県では地域限定で「１９０円バーガー」を発売しました。

210円のハンバーガーを20円値下げして190円で販売。これは約10%の値下げです。この約10%の値下げは、どれだけ販売数量を増やしたでしょうか。

皆さん、気持ちを落ち着けて聞いてください。かなり恐ろしい結果です。

「販売数量、変わらず」

20円の値下げはまったく販売数量の増加に結びつきませんでした。

売る方はそれなりに覚悟を決めて行う値下げですが、それが消費者に通じるかどうかは別の話。この中途半端な「20円値下げ」は、まったく消費者の心を動かしませんでした。

もともと「変動費＋1個当たりの固定費」を差し引いた210円バーガーの利益は12・9円でした。

20円値下げしたのに、販売数量が変わらなかったとしたら、儲けはどうなるか？

変動費は値下げ前と同じです。そして「販売数量が変わらなかった」のだから、1個当たり固定費も値下げ前と同じ。だから「1個当たりのコスト」は値下げ前とまったく同じ。

1個12・9円の利益のハンバーガーを20円値下げして、コストがまったく変わらないということは、1個売るたびに7・1円赤字が増える計算になります！

かくして期間限定・宮城県限定の「190円バーガー」値下げは失敗に終わりました。

ここからはあくまで私の想像ですが、マクドナルドはこの「190円の失敗」があったからこそ、そのあと「100円バーガー」を決断できたと思うのです。

210円を100円まで下げるというのはかなり思い切った作戦です。そう簡単にできるものではありません。マクドナルドは190円で失敗したからこそ、その失敗から「中途半端な値下げではダメだ」という教訓を得たのでしょう。

いうまでもなく「値決め」は重大な決断であり、周到な計画が必要です。このときのマクドナルドは過去の失敗経験を踏まえ、何が失敗の原因だったか、何を改善すればうまくいくかを考えたにちがいありません。

恋愛も人生も商売も、成功から学べることは少ないですが、失敗からは数多くのことを学べます。このときのマクドナルドは、まさにその典型。

いちど値決めに失敗して、そこから学んで出てきたのが、あの歴史に残る100円バーガーではなかったかと私は思います。

2 値下げ戦略成功の必須条件

100円バーガーの爆発的な成功

もともとハンバーガーは「変動費が少ない＝1個の儲けが大きい」からこそ値下げを決断できました。

ためしに190円バーガーを出したものの、販売数量が増えずに失敗。

その失敗を踏まえて、さらなる値下げを行ったのが「100円バーガー」です。

1994年、キャンペーン価格100円で発売された「100円バーガー」は記録的な売上となり、社会現象ともいえる大ヒットとなりました。

いまにして思えば、これが発売された1994年というタイミングが重要です。

図表3-3　ハンバーガーのコスト・利益構造

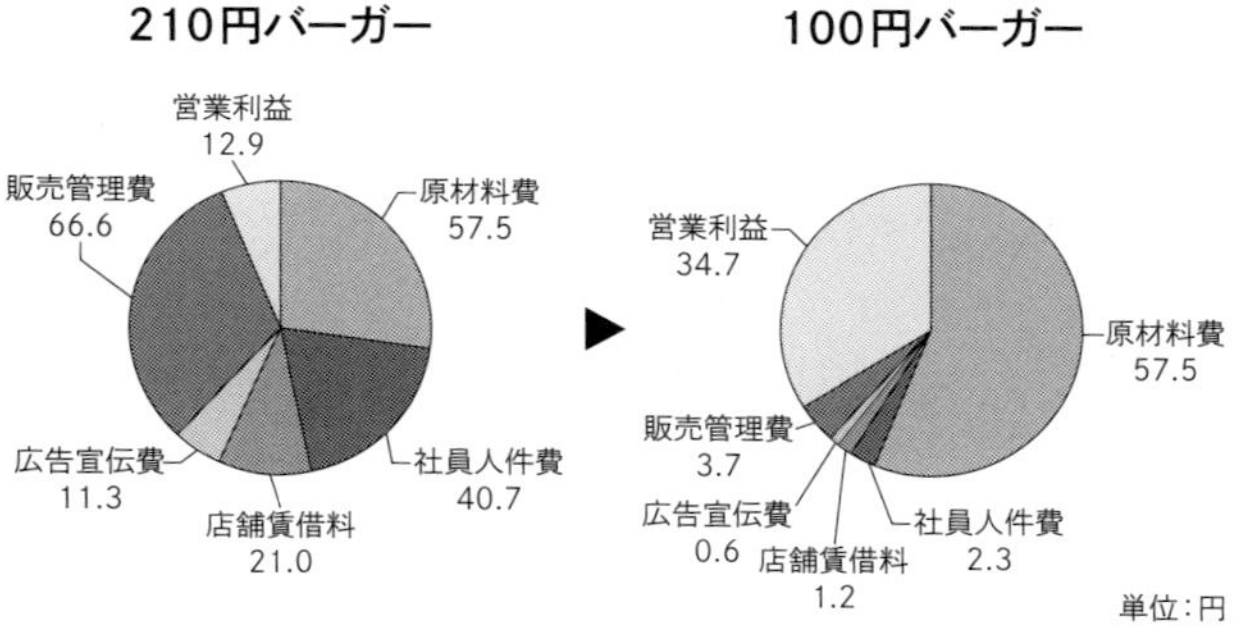

それはまさにバブルが崩壊、日本中が不況を実感し始めたタイミングだったのです。

人々が財布のヒモを締めにかかったまさにそのとき、ハンバーガーが半額以下に値下げされたのです！

１００円バーガーには若者を中心に人々が行列を作りました。マクドナルドの予想を上回る売れ行きになりました。当時の決算書から推定すると、キャンペーン期間限定ながら、１００円バーガーはそれまでの18倍売れたようです！

記録的大ヒットとなった１００円バーガーの成功で、コストと利益はどう変化したでしょうか？

図表３－３を見てください。

２１０円で売っても１００円で売っても、１個当たり変動費（原材料費）の57・5円は変わりません。しかし販売数量が劇的に増加したことで、「1個当たり固定費」が大幅に圧縮されていることがわかります。

もともと固定費は販売数量に関係なく生じるコストであり、販売数量が増えたからといってその総額は増えません。だから1個当たり固定費（固定費÷販売数量）はたくさん売るほど、その金額が少なくなるワケです。

グラフから明らかなように100円バーガーでは1個の利益が34・7円と大幅に増えています。これを大量に販売したことで「経常利益5倍」が達成されたというわけです。

値下げ戦略成功の条件

ここまでのストーリーから値下げ戦略の成功条件をまとめましょう。

値下げを成功させ、利益を増やすための成功条件はこの2つです。

①変動費の比率が低いこと（＝固定費体質であること）
②値下げによって販売数量が大幅に増加すること

マクドナルドは、この2つの条件をクリアしたことで値下げを大成功させました。

まず「①変動費の比率が低いこと」。1個210円の売価に対して変動費は57・5円しかかかっていません。「1個の儲け」が大きいから、「値下げ可能な幅」が大きかったわけです。

次に「②値下げによって販売数量が大幅に増加すること」。100円バーガーは18倍という驚異的な売上の増加になりました。

以上、2つの条件をクリアしたことで大幅増益を達成したというわけです。

わが国のバブルが崩壊して、日本中が「どうも景気が悪いぞ」と実感し始めたタイミングで、100円バーガーの大胆な値下げが大成功。

これにすぐさま反応したのはライバルの外食産業です。

マクドナルドに刺激された外食業界では雪崩《なだれ》を打ったような「値下げ」が始まります。

牛丼をはじめ、あちこちの外食産業で値下げ競争が勃発。高価格帯で勝負してきたすかいらーくは、この時期から低価格ファミレス「ガスト」の出店を加速させます。

そのほか、この時期から100円ショップが日本中に増えてきました。かくして

1990年代、外食産業から始まった「値下げ」はあらゆる業界に広がっていきました。日本に「デフレ」が始まったのです。振り返ってみればマクドナルドは日本中に値下げの嵐を巻き起こし、デフレに突入させた「デフレの火付け役」だったようです。

どんな商売でも「値下げ」すること自体は難しくありません。値下げすれば、安さに釣られてやってくるお客さんによって目先の「売上」は増えます。ただ、なんども繰り返したように、売上が増えても利益が増えるとは限りません。

「値下げ戦略成功の条件」の「②値下げによって販売数量が大幅に増加すること」をクリアしないと「増益」は達成できません。

この条件をクリアするのが大変難しい。実際、追随して行われた値下げの多くは、この条件をクリアすることができず、すこしだけ売上を増やして「増収減益」に終わってしまうのです。

3 MP∨Fの状態をつくるのが経営者の仕事

「1個の儲け」から値下げの成功と失敗を読む

大胆な値下げで大成功を収めた100円バーガーによってマクドナルドは「デフレの勝ち組」ともてはやされました。

その勢いのまま2001年にはジャスダックに上場します。

ジャスダック上場後のマクドナルドは、ハンバーガーの価格をさらに値下げしていきます。

100円から、80円、65円、59円。

さて、100円以降の値下げは果たして成功したのでしょうか？

ここで、ハンバーガーの値下げを「1個の儲け」から見てみましょう。

もともと210円だったハンバーガーが100円バーガーとなり、その後、さらに値下げされて65円バーガーにまで値下げされました。

これによって、ハンバーガー「1個の儲け」は、どう変わったでしょうか？

「1個の儲け」は、図表3－4のように変わりました。

値下げによって、「1個の儲け」は150円↓40円↓15円と減っていることがわかります。

図でいえば、「1個の儲け」は値下げによってだんだん「薄く」なっていくわけです。

この「1個の儲け」が売られた分だけ積み上げられて、「全体の儲け」になります。

「1個の儲け」が決まれば、あとはハンバーガーを売れば売るほど、「1個の儲け」が足し算されて積み上がるというわけです（この「1個の儲け」は、管理会計上、限界利益と呼ばれています）。

もちろん、値下げによって「1個の儲け」を減らしてしまうと、「全体の儲け」を大きくするためには、たくさんの販売数量を積み上げないといけません。

もともと210円バーガー「1個の儲け」は150円でしたが100円バーガーでは、40円になります。

ということは「1個の儲け」が約4分の1に小さくなったわけです。

図表3-4　「1個の儲け」を積み重ねる

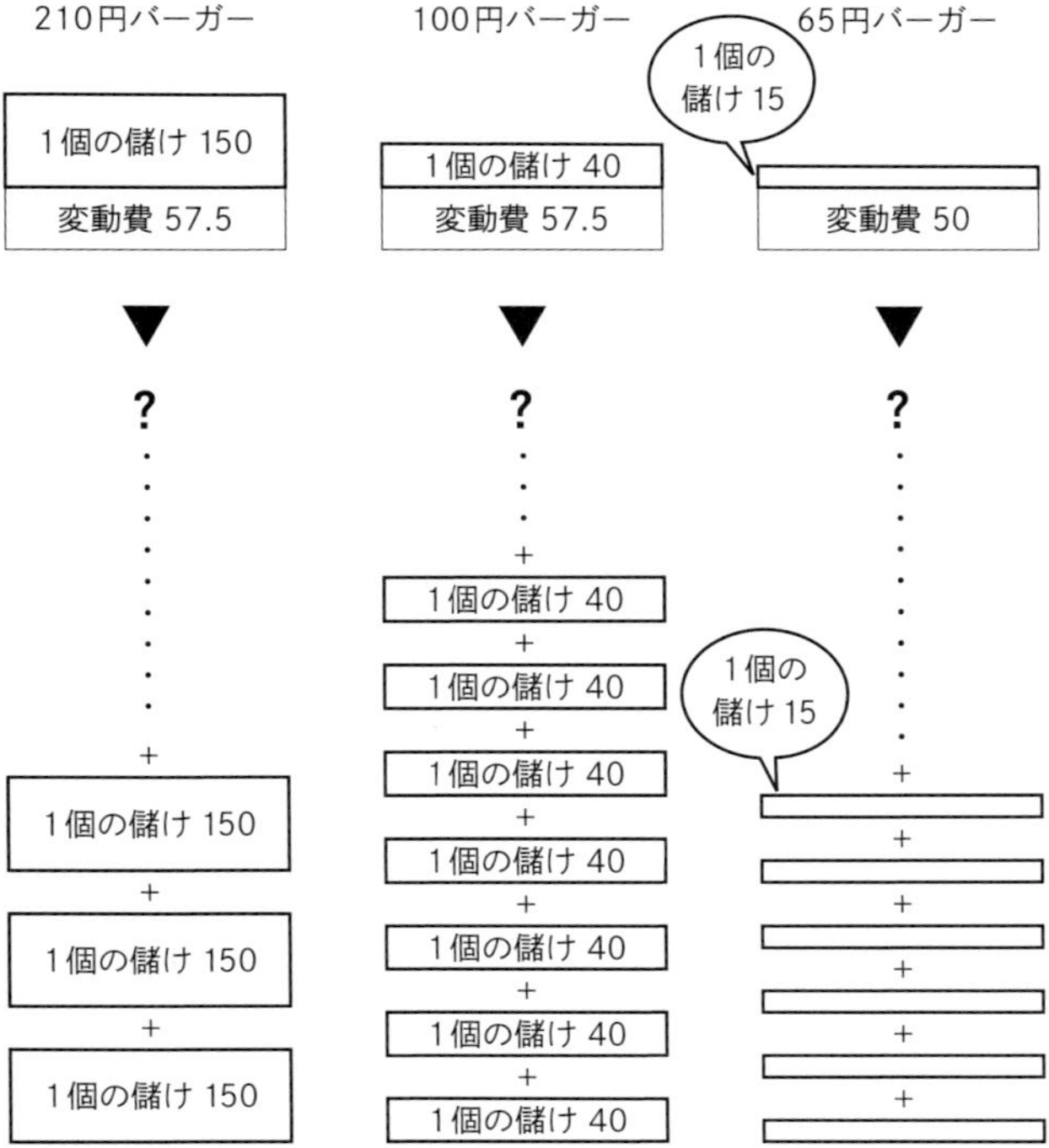

注：210円・100円バーガーの変動費(原材料費)は 57.5円、65円バーガーは50円で計算

図表3-5　値下げ成功・失敗のイメージ図

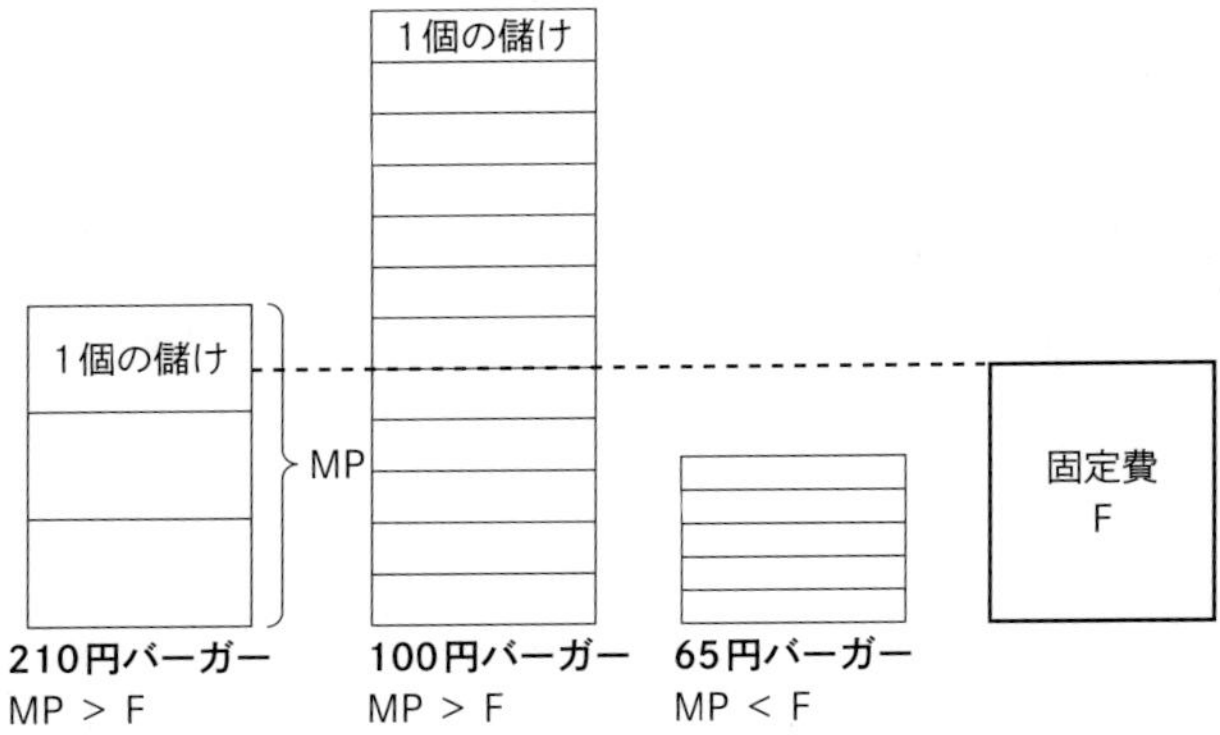

全体の儲け MP：Marginal Profit　固定費 F：Fixed cost

「1個の儲け」が4分の1なのだから、単純な計算では、販売数量が4倍に増えないと以前と同じ「全体の儲け」が稼げません。

実際には、販売数量が18倍と驚異的に増加したおかげで、「1個の儲け40円」が山のように積み上がりました。これで「全体の利益」が大きくなったのです。

しかし100円から65円への値下げでは、あまりに薄くなった「1個の儲け15円」が大して積み上がらなかったようです。これで「全体の利益」が減ってしまいました。

そのイメージ図が図表３－５です。

「1個の儲け」が積み重なって「全体の儲けMP」になります。

この「全体の儲けＭＰ」が固定費Fを超えれば、その分が会計上の利益になります。

１００円バーガーでは「1個の儲け」を固定費Fを超えて高くまで積み上げて利益が出ました。しかし65円バーガーでは「1個の儲け」が固定費Fを超えるまで積み上がりませんでした。65円バーガー販売当時、マクドナルドは赤字を計上しています。

ほとんどの値下げが失敗に終わる理由

ここで値下げの成功条件を思い出しましょう。

①変動費の比率が低いこと（＝固定費体質であること）
②値下げによって販売数量が大幅に増加すること

「①変動費の比率が低いこと」は、値下げが可能かどうかの「幅」に関係します。

現在の販売価格Ｐに対して変動費が小さいほど、値下げの幅が大きい。

反対に、変動費が大きいと、値下げの幅が小さくなります。

たとえば210円で売っているジュースの仕入原価が180円であれば、30円分しか値下げの幅がありません。

「①変動費の比率が低いこと」は、値下げが可能かどうかを表す「可能性ハードル」なのです。

これに対して、**「②値下げによって販売数量が大幅に増加すること」こそが、本当の意味での「成功ハードル」です。**

値下げで薄くなった「1個の儲け」をどれだけ積み重ねることができるか？

値下げした「1個の儲け」を積み重ね、足し算して、「全体の儲けMP」が固定費Fを超える高さまで持っていかないと、利益は出ません。

これを表すのが、「②値下げによって販売数量が大幅に増加すること」という成功ハードルです。


本章の内容はたくさん数字が出てきて大変だったと思いますが、ここまで理解した読者は、「値下げで成功すること」の意味がわかったと思います。

そして、巷で行われている多くの値下げが失敗に終わる理由も。

「①変動費の比率が低いこと」は、固定費体質のビジネスではもともとクリアしています。たとえば航空会社、ホテルなどのビジネスでは、ほとんどのコストが固定費です。それから、人件費や場所代がほとんどのサービス業・士業・講師業も固定費ばかりの商売です。このほか、変動費が小さく固定費の大きいビジネス・商売では「値下げが可能」なのです。

ただ、あくまで「可能」であって、値下げが成功するかどうかは別の話。

値下げが成功するためには、「②値下げによって販売数量が大幅に増加すること」という成功ハードルをクリアしなければなりません。

そのためには、値下げで薄くなった「1個の儲け」を山と積み上げなければなりません。

――これがとても難しいのです。

とくにレッドドッグがひしめく環境では、世界中の「パクり・安値」ライバルたちが安値競争をしかけてきます。そのなかで「1個の儲け」を積み重ねるのは容易ではありません。

だからほとんどの値下げは失敗に終わるのです。

「1個当たり固定費」は値決めの邪魔になる

本章のケーススタディーで、ひとつ確認しておきたいことがあります。

最初のハンバーガー円グラフで、1個当たりの利益は12・9円となっていました。

この数字は「値決めの邪魔」になる数字です。

12・9円は、販売価格から「変動費と1個当たり固定費」を引いて計算されています。

固定費の「社員人件費・店舗賃借料・広告宣伝費・販売管理費」は、ハンバーガーを何個売っても金額が変わりません。

円グラフの「1個当たり固定費」は、固定費をそのときの販売数で割ったら、たまたまその数字になったという「結果論」です。

販売数が変われば、「1個当たり固定費」の金額は変わります。

「変動費＋1個当たり固定費」も当然、販売数量によって変化します。

だから「変動費＋1個当たり固定費」は、値決めに不向きな数字なのです。

値決めのはじめのステップでは「変動費＝材料費」だけを見て、固定費のことは無視してください。

まず確認すべきは、販売価格に対して変動費がいくらかかっているか。

販売価格から変動費を引くと「1個の儲け」が出ます。

210円バーガーでは、210円から57・5円を引いた約150円が「1個の儲け」。

図表3-6　MP>Fで黒字をつくる

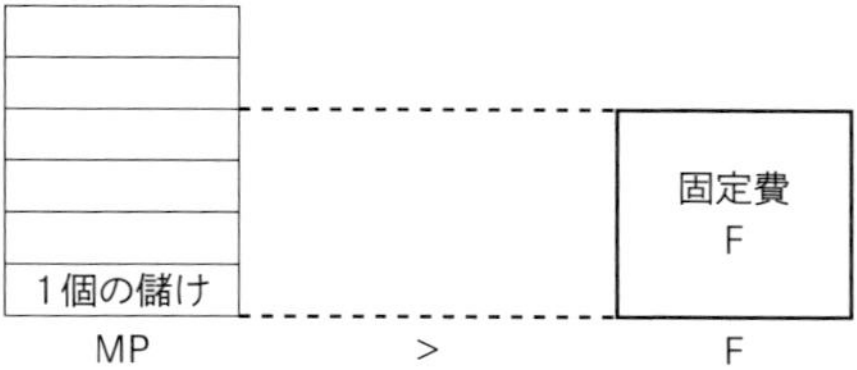

MP ＞ F …………… 黒字
MP ＝ F …………… トントン
MP ＜ F …………… 赤字

この「1個の儲け」を積み重ねたのが「全体の儲けＭＰ」。

そこから固定費Ｆを一括して差し引いて、最終的な利益が計算されます。

これをまとめると、次のように整理できます。

> ①値決めで「1個の儲け」を決める
> ②「1個の儲け」を積み重ねて「全体の儲けMP」をつくる
> ③「全体の儲けMP」が固定費Fを超えた分が利益になる

この3つのステップで「ＭＰ＞Ｆ」になれば、その分が儲けです。

「全体の儲けＭＰ」が固定費を超えられず、

「MP＜F」となったら赤字です。

もし「全体の儲けMP」が固定費と等しくなったら、儲けも損もないトントン。利益はゼロになります。

商売の目的は、売上を増やすことではありません。

「MP＞F」の状態をつくることです。

そのためには「1個の儲け」を積み重ねないといけません。

「1個の儲け」を積み重ね、「全体の儲けMP」を大きくするのが経営者の仕事です！

かつて景気が良く、モノがどんどん売れた時代には、「1個の儲け」を薄くしても、それを山と積み上げることができました。設備投資を拡張し、人を増やして固定費が大きくなっても、それを上回るMPを稼ぐことができたのです。

日本のメーカーは、長い間そんなスケールメリットを享受してきました。

しかしスケールメリットの宴が終わり、レッドドッグたちの安値争いが始まった今、私たちは「MPを増やす別の方法」を考えなければなりません。

第4章

そろそろ「値決めの哲学」を持とうじゃないか！

東京・日本橋は、日本でもっとも家賃の高い地域の一つです。

先日、そんな日本橋で「2980円マッサージ」の店を見つけました。

郊外などではよく見かける激安マッサージがとうとう日本橋にも現れたのです。

これだけ土地代の高い場所で2980円、「これで大丈夫なのか?」と本気で心配してしまう私。

世の中には、値下げしてもいい商売と、値下げしてはいけない商売があります。

どうもそのちがいが理解されていないように思います。

悪の秘密結社DOGたちは、あらゆる業界に登場し、安値で荒らし回っています。

この章では「値下げに向いている商売・向いていない商売」を見極めましょう。

とくに受難のときを迎えている情報・サービス業の皆さんは必見。

さあ、「やってはいけない値下げ」の謎解きを始めましょう。

1 情報・サービス業が値決めで苦戦する理由

値下げはどれだけの「販売数量の増加」でカバーできるか？

結婚するとき「なぜ？」とは聞かれませんが、別れるとき「なぜ？」と聞かれます。

値下げするとき「なぜ？」とは聞かれませんが、値上げするとき「なぜ？」と聞かれます。

恋の始まりや値下げに理由はいりませんが、離婚や値上げには、理由が必要なのです。

本当は離婚や値上げだって、理由などなくてもいいはずなのに。

この国のビジネスマンたちは、とにかく「値下げ」したがります。

いまいちど、前章で説明した「値下げ戦略成功の条件」を思い出しましょう。

図表4-1　値下げシミュレーション

単位：万円

〈 値下げ前 〉			〈 値下げ後 〉	
売上高	20	▶	売上高	28
(P 1000円×Q 200枚)			(P 700円×Q 400枚)	
変動費	8		変動費	16
(P 400円×Q 200枚)			(P 400円×Q 400枚)	
儲け	12		儲け	12

①変動費の比率が低いこと
②値下げによる販売数量の大幅増加

このうち、クリアするのが大変なのは「②値下げによって販売数量が大幅に増加すること」でした。

これについて、もうすこし突っ込んでみましょう。

「販売数量が大幅に増加」の「大幅」とは、どれくらいを言うのでしょうか？

値下げによって増益を達成するためには、かなりの「販売数量の増加」が必要です。

その高いハードルをあらかじめ知っておけば、無茶な値下げをやめることができるでしょう。

値下げするとして、どれだけ販売数量が増えれば、「以前と同じ」だけの利益が出るのか、シミュレーションしてみましょう。

これはいわば「値下げ分岐点分析」です。

あなたはピザショップの店長だとしましょう。

お店ではいま、1枚のピザを1000円で売っています。

周りとの競争が激しい折、価格を1000円から700円に値下げすることを検討中。

値下げを行う場合、どのくらいの販売数量増加があれば「以前と同じだけの儲け」を稼げるでしょうか？

現在のピザ販売枚数は200枚、変動費（原材料費）は1枚400円だとします。

1000円のピザを700円に30％値下げする場合、値下げする前と同じ12万円の儲けを出すためには、400枚売らなければなりません。

200枚だった販売数量を、2倍の400枚販売してやっと以前と同じ儲け。

「②値下げによって販売数量が大幅に増加すること」のハードルはかなり高いのです。

このシミュレーションを一般的なかたちで表現したのが図表4－2です。

図表4-2　値下げ分岐点表

売上に対する変動費の比率（値下げ前）

値下げ率	10%	20%	30%	40%	50%	60%	70%	80%	90%
10%	12.50	14.29	16.67	20.00	25.00	33.33	50.00	100.00	
20%	28.57	33.33	40.00	50.00	66.67	100.00	200.00		
30%	50.00	60.00	75.00	**100.00**	150.00	300.00			
40%	80.00	100.00	133.33	200.00	400.00				
50%	125.00	166.67	250.00	500.00					
60%	200.00	300.00	600.00			損　失			
70%	350.00	700.00							
80%	800.00								
90%									

ピザの例でいえば、値下げ前の変動費比率は40％（400÷1000）ですので、40％の列をタテに見てください。

そして価格1000円を700円に30％値下げするので、30％のヨコ行と交差するところを見てください。

そこに「100％」という数字があります。変動費の比率40％の製品を30％値下げするなら「100％」販売数量を増さないと以前と同じ儲けになりません。

2倍売ってこれまでと同じ儲け。それ以上売ってやっと増益です。

改めてこの表の数字を全体的に見てください。とても大きな数字が並んでいます。

それだけ**「値下げをカバーする販売数量増加＝値下げ分岐点」のハードルが高い**ということです。

第1章で「良い売上アップ」と「悪い売上アップ＝値下げ分岐点」について説明しました。このピザショップの例でいえば、値下げ前20万円の売上を、値下げ後28万円にアップさせてやっと儲けはトントンです。

値下げして売上が増えたとしても、この28万円を下回れば「悪い売上アップ」、28万円を上回る売上になってはじめて「良い売上アップ」なのです。

値下げによる「販売数量の増加」を阻む3つの壁

1000円のピザを700円に30％値下げすると「1枚の儲け」が、600円（1000円－400円）から、300円（700円－400円）に減ります。

600円から300円に「1個の儲け」が半分に減少。ということは売る数を2倍にしないと「全体の儲けMP」は同じになりません。販売数量がそれに届かないと、全体の儲けMPが減ってしまいます。

30％の値下げは2倍以上の販売数量増加を必要とする――それにしてもなんと高いハードルでしょう！

さて、実際のところ、2倍以上のピザを売ることができるでしょうか？
これを実現するのは、そう簡単ではないはずです。
どんな商売でも、値下げしたときに「販売数量の増加を阻む壁」があります。
それは次の3つです。

①自らのキャパシティの限界
②ライバルの値下げ追随
③顧客の消費感情

順番に説明しましょう。
まず「①自らのキャパシティの限界」です。このキャパシティとは物理的な処理能力のことです。先のピザショップでいえば、「ピザを2倍以上焼くことができるか？」。

すでに焼き釜がいっぱいいっぱいだったり、ピザ焼き職人が忙しすぎて余裕がない場合、販売数量を増やすことができません。たとえお客さんの注文が増えたとしても、その注文をさばけないでパンクします。これがキャパシティの壁です。

次に「②ライバルの値下げ追随」です。もし似たようなピザを出す店が近所にもあると、彼らはおそらく追随して値下げしてくるでしょう。値下げできるのはこのピザショップだけではありません。ライバルに追随されたら最後、安さの優位は一瞬にして消滅します。

最後に「③顧客の消費感情」です。世の中には値下げが顧客の心に響く場合と、そうでない場合があります。はたしてピザの値下げは、顧客に「おっ、安い、これは食べないと！」という心の変化をもたらすでしょうか？　１００円バーガーのように「１人で何枚も食べる」お客さんが現れてくれるでしょうか？

以上の３つの壁はそれぞれ「自分・ライバル・顧客」に関係しています。

自分のキャパシティ、ライバルの追随、顧客の心理・行動――このすべてをクリアしないと「2倍以上のピザを売る」ことができません。

もし仮に成功したとしても、それが長く続くかどうかはわかりません。マクドナルドのハンバーガーでも、100円バーガーは成功しましたが、そのあとの値下げでは失敗していました。消費者は価格の「変化」には一瞬反応しますが、それに慣れて「低価格」になると反応しなくなります。ピザの値下げも同じように、700円が続くと客足が遠のいていくかもしれません。

値下げやお祭りが盛り上がるのは「たまに行われる」からなのです。

どんなビジネスであれ、値下げするならこの3つの壁をすべて乗り越えないと、「1個の儲け」を積み重ねることができません。

――だから値下げで増益を達成するのは難しいのです。

「かたちないもの」の値決めを考えないといけない時代

ビジネスにおいて「値決め」ほど悩ましい判断はありません。

お客は安く買いたいし、売るほうは高く売りたい。

値決めは矛盾に満ちています。しかもサービス業となればなおさらです。

モノを売る商売では、作ったり、仕入れたりするモノの価格を決めるのが「値決め」です。

しかしサービス業は、少々様子がちがいます。

サービス業はハンバーガーのように、見たり、触ったりできる、具体的なモノを売っているわけではありません。

マッサージでは「自分の提供する技術」、講師であれば「自分の提供する講義」、デザイナーであれば「自分の提供する作品」、ヨガ・インストラクターであれば「自分の提供する場と技術」――こういった無形のサービスや時間が商品です。

これに価格を付けるのは、「自分そのもの」に価格を付けることにほかなりません。

だから、サービス業は強気になれません。どうしても弱気になってしまう。

なぜなら、自分の心にある謙虚さや自信のなさが、つい値決めのときに顔を出し、安い価格に甘んじてしまうからです。

このような、無形の情報やサービスについての値決めの難しさは、情報を発信する新聞・出版をはじめとするメディアでも、まったく同様。

無料の情報であふれるネット時代に、「自らの情報」を高く値付けするのは至難のワザです。

しかし、そんな事情とは裏腹に、世の中ではどんどんモノ作りから、情報・サービスへと産業のシフトが進んでいます。

近年、家電業界をはじめ、モノ作りにかかわる会社の不振が目立っています。

いまや希望退職を募る会社のことなど、ニュースにもならない世の中。

リストラ同然で会社を辞めさせられた人たちが第2の人生を立ち上げるときに選びやすいのも、士業、情報・サービス業です。

新たに選んだ仕事で、価格が下がりっぱなしでは救いがありません。

独り立ちする「小さき者たち」が、胸を張って生きていける社会をつくるためには、新たな「情報・サービス産業」にふさわしい値決めの思考・方法を手に入れねばなりません。

従来型のモノ作りの会社でも、モノを売るだけでなく「モノからコトへの付加価値」がテーマになっています。

どうやら小さき者も大きい者も、みんなで一緒に「かたちのないもの」の値決めについて、考えねばならないときがやってきています。

ここで従来のように、コストをもとにして値決めするのは大変に危険です。

「時代の寵児《ちょうじ》」のはずだったサービス業の受難

豊かなモノあまり時代、そして人口減少で縮む消費、加えて世界から安値競争をしかけてくるレッドドッグたちの群れ。

もはやどんなビジネスでも「単純な値下げ」は成功しないと思ったほうがよさそうです。

――それでもみんな、値下げしています。

どうしてしまったというのでしょうか。

そして、もっとも値下げが目立つのが、固定費の多いビジネスです。

身の回りを見渡して、「値下がりの激しい」ビジネスを探してみましょう。

たとえばホテル、航空運賃、高速バス、ゴルフ場のプレー料金、スーパー銭湯、マッサージ、士業、情報配信サービス、各種スクール、デザイナー……これらはすべて固定費体質のビジネスです。

変動費が少ない固定費ビジネスは「値下げの幅」が大きく、しかも「空室・空席・ヒマにしているくらいなら値下げしたほうがマシ」と考えてしまいがち。

だから固定費ビジネスでは値下がりが止まりません。

「数字」の面から、値下がりしやすいビジネスを見ると、その共通点は「固定費体質であること」だとわかります。

ここから、すこし視点を変えてみましょう。

いまいちど先ほどの固定費ビジネスを並べてみます。

ホテル、航空運賃、高速バス、ゴルフ場のプレー料金、スーパー銭湯、マッサージ、士業、情報配信サービス、各種スクール、デザイナー。

これらをよく見ると、固定費ビジネスにも、2つのグループがあることがわかります。

それが「物理的な設備」が中心のビジネスと、「人間そのもの」が行うビジネスです。

ホテルからスーパー銭湯までは、設備投資の大きい「物理的な設備」中心のビジネス、マッサージからデザイナーまでは「人間そのもの」が中心のビジネスです。

このちがいはきわめて大きいです。なぜなら、物理的な設備に空きがあった場合、それを値下げして売ったとしても、誰も傷つきません。物理的な空室や空席があるのなら、安値でも売ったほうがマシ――これは私も正解だと思います。

しかし「人間そのもの」が作品・サービスを生み出している場合は話がちがいます。なぜなら、これを安売りしてしまうと、それによって「時間」が奪われてしまうからです。情報・サービスにかかわるクリエーターにとって、「時間」は何より貴重な財産です。

それを安売りしていいはずがありません。

もともと人間には等しく24時間しか与えられていません。

「人間そのもの」で商売する情報・サービス業が安売りするのは、これを切り売りする行為です。そんなことをすれば、知識や経験を仕入れる時間がなくなってしまいます。

(多少の自己弁護を含みますが) クリエーターは、ボーッとする時間がなければ、良い作品を生み出すことができません。

飲んで遊ばないで、感性を磨くことなどできるものか！

もともと「人間そのもの」で商売する情報・サービス業は「自らのキャパシティの限界」がゆえに、値下げで成功することなど不可能です。

だから決して値下げなどしてはいけない商売なのです。

日本中のクリエーター諸君、このことを理解してくれたまえ。

ホテルの値下げとクリエーターの値下げは同じようでいてまったくちがう行為なのだ！

2 やっつけた側、日本が歩んだプライシングロード

すべての日本人よ、「値決めの哲学」を持とうではないか！

ここらで本書のタイトルである「良い値決め、悪い値決め」の意味と、そこに込めた私の思いを明らかにしようと思います。

良い値決めとは、「価格の哲学」を心に持って行う値決めです。
悪い値決めとは、「価格の哲学」なく流されて行う値決めです。

値決めは、情報・サービス業にかかわる個人にとって、自分自身に値段を付ける行為です。

すべての経営者・価格決定者にとって、自らの商品やサービスに値段を付ける行為です。

安くても高くてもどちらでもかまいません。

それを選ぶのはあなた自身です。

ただ、その値決めに信念と哲学がなくてはなりません。

レッドドッグと安値で戦う道を選ぶなら、世界を相手に「安値で勝つ」決意で臨まねばなりません。

また、戦わない道を選ぶのであれば、信念を持って「高く売る」決意が必要です。

周りに引きずられるままにずるずると値下げし、「しょうがないんだよ」とため息をついているようでは、あまりに情けない。

自らの「価格の哲学」を持ちましょう。

そろそろ腹を決めようじゃありませんか。


いまのわが国では、「これまでの値決めの常識」が色濃く残っています。

それはモノ作りの工業中心、スケールメリットによって安さを求める値決めです。

そこでは「良いものを、より安く」という空気が支配的でした。

時代の先端が情報・サービス業にシフトしつつあるいま、私たちは「新しい値決めの常識」を手にしなければなりません。

スケールメリットが崩壊し、消費が縮む環境では、「良いものを、より高く」に発想を転換すべきだと思います。

「良いものを、より安く」――こんなバカげた話はありません。

おかしいです。どっからどう考えても間違いです。

悪いものは安いし、良いものは高い。これが商売の道理というもの。

「良いものを、より安く」は、たまたまそれがうまくいった時代の亡霊にすぎません。

たしかに安く売れば客は喜びますが、それで売るほうが傾いてしまっては本末転倒です。

「良いものを、より高く」――頭を正常な方向に戻しましょう。

私たちが「良いものを、より安く」と思い込んでビジネスを展開しているうちに、アメリカではすでに「良いものを、より高く」の事例がたくさん出てきています。

負けてはいられません。どうしてこの値決めの差が表れてきたのか、歴史を振り返りつつ説明することにしましょう。

日本とアメリカの歩んだ別々のプライシング・ロードを知ることで、新たな値決めについてのヒントが見つかるはずです。

黄金のメイド・イン・ジャパン時代に築かれたコスト・プライシング

「価格の哲学」を手にするためには、「自らが立っている場所」を知らねばなりません。日本はどんな時代を経て、いまどんな時代を迎えているのでしょうか？

図表４－３は、戦後日本の経済成長率の推移です。

これを見ると、日本の戦後は、約20年単位で「高度成長の９％時代・安定成長の４％時代・低成長の１％時代」という３つの時代にくっきり分かれています。

- 第一期（９％）　戦後　～　１９７０年代前半（高度成長期）
- 第二期（４％）　１９７０年代前半　～　１９９０年代前半（安定期）
- 第三期（１％）　１９９０年代前半　～　現在　（低迷期）

この「９％・４％・１％」という３つの時代の変わり目、断層に当たるのが「オイルショック」と「バブル崩壊」。戦後の日本経済は、オイルショック、バブル崩壊という２度

図表4-3　経済成長率の推移

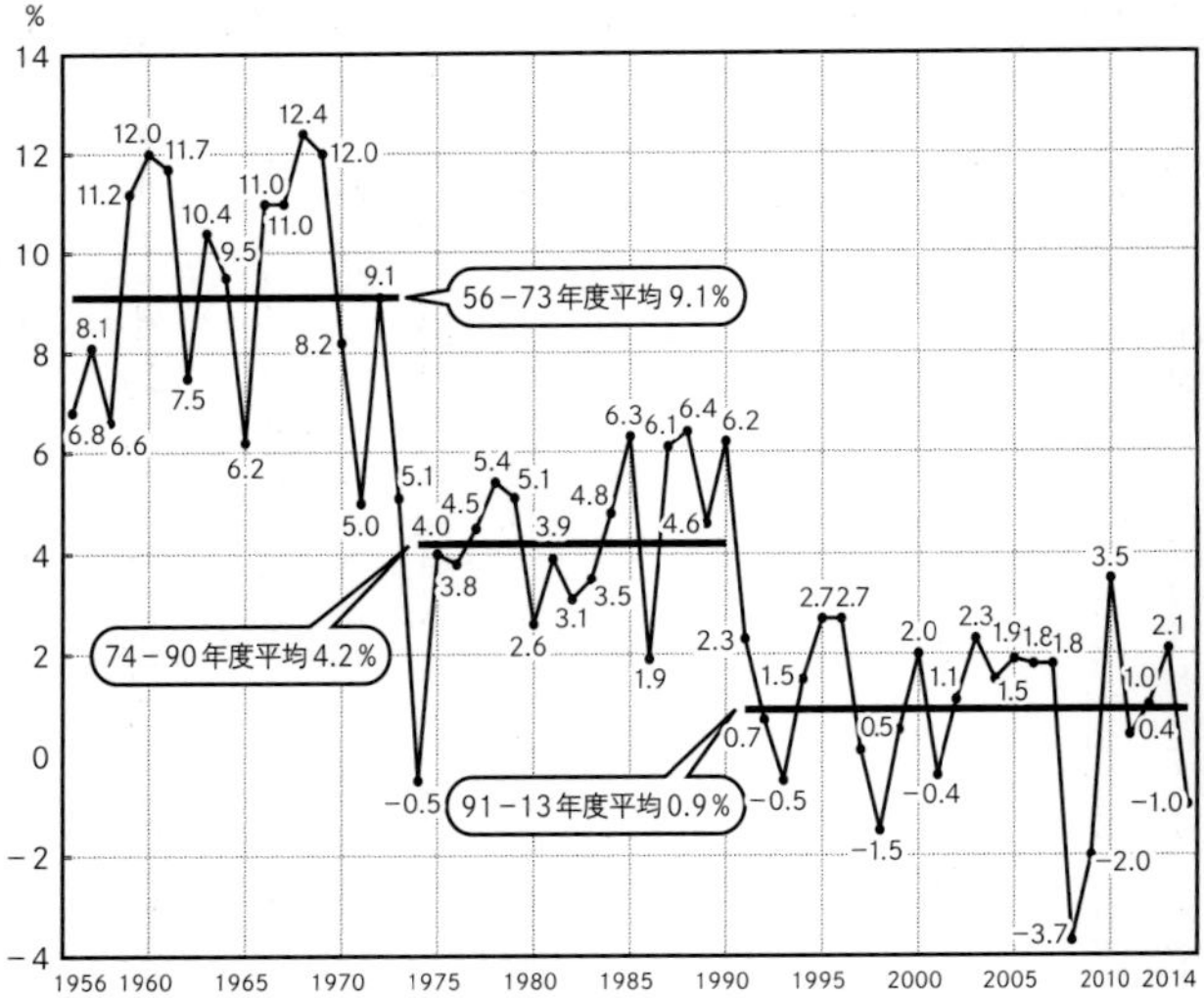

注：年度ベース。93SNA連鎖方式推計。平均は各年度数値の単純平均。1980年度以前は「平成12年版国民経済計算年報」(63SNA ベース)、1981〜94年度は年報(平成21年度確報)による。それ以降は、2015年1−3月期1次速報値〈2015年5月20日公表〉

資料：内閣府SNAサイト

の断層を経て、長期的に経済成長率を下落させてきたのです。

まず高度成長の9％時代、この時代の象徴が1964年の東京オリンピックです。オリンピックに合わせて東海道新幹線が開通し、首都高速が整備されました。人口が増え、住宅・マンションやオフィスビルがつくられたのがこの9％時代。

お茶の間には「三種の神器」といわれた白黒テレビ・洗濯機・冷蔵庫の家電3品目が現れました。家庭にやってきたテレビはお茶の間に笑顔を届け、洗濯機は主婦を単純労働から救い、また冷蔵庫は一家の食卓を豊かにしました。9％時代、家電製品は日本人の生活を豊かにし、日本人に幸せを届ける存在だったのです。

そのあと、1970年代前半にオイルショックが起こります。

中東紛争によるオイルショックで原油価格が高騰、原材料のコスト高が発生しました。あらゆる資源を輸入に頼っていた日本経済は大ピンチです。

しかし、当時の日本人たちは、あらゆる努力でこれを克服していきます。

それどころか、このピンチをチャンスに変え、小型・高性能の家電製品、それに加えて低燃費の自動車を生み出しました。

こうして戦後日本の黄金期、安定成長4%時代が始まりました。

この4%時代のエースが、家電業界と自動車業界です。両業界は国内での販売だけでなく、アメリカやヨーロッパへの輸出も増加させていきました。アメリカの誇り、自動車産業をやっつける快進撃。メイド・イン・ジャパン製品は世界から賞賛され、日本経済は絶好調のときを迎えます。家電・自動車業界の各社は事業の規模を拡大し、雇用も増やして、日本最大級の雇用者数を誇る業界となりました。


4%時代後半の1980年代から不動産と株が値上がりするバブルが発生、そのバブルがはじけたのが1990年代前半、これがいわゆるバブル崩壊です。

このバブル崩壊で経済の調子がおかしくなり、そのあと低迷の1%時代がやってきます。長く成長を続けてきた日本経済ですが、もはや失速寸前。

この長引く低迷期、テレビは1部屋に1台の日用品（コモディティー）になり下がり、消費者は「安さ」だけで選ぶようになりました。サムスンはじめ海外勢まで参戦した値下げ競争は、テレビ事業に「巨額の赤字」をもたらします。昔は家庭に喜びをもたらしたテレビですが、いまや薄型テレビが1センチ薄くなっても、誰も喜びません。薄型テレビとともに、「デジタル三種の神器」ともてはやされたDVDレコーダーとデジタルカメラも一気の価格下落で儲けが出なくなったのは、すでに説明した通り。

20年ごとに「9％↓4％↓1％」と成長率を鈍化させた日本経済。私たちはいま、長引く不況の1％時代に立っています。

この下落による人口の減少と、それにともなう需要の減少には歯止めがかかっていません。これからも国内需要は減少していくことでしょう。

9％・4％時代に成功して事業拡張した大企業は、過大な設備と従業員を抱えつつ苦しんでいます。過剰な供給は、あらゆる製品価格の下落を引き起こし、デフレを発生させました。

90年代以降、値下げを巻き起こしたダブルD

1％の低成長時代にデフレが発生した理由は、メーカーを中心とする大企業の供給過剰だけではありません。

もうひとつ大きな時代の変化がありました。

それがインターネットの登場です。

ちょうどわが国のバブルが崩壊した、まさにそのタイミングから、インターネットが爆発的に普及し、パソコンがネットにつながるようになりました。

これがデジタル・オンライン・グローバルなＤＯＧ環境を生み出したのです。

誰でもどこでもネットにつながるデジタル環境では、工業に変わって、新たに情報・サービス業が台頭してきます。

モノを作る会社から、モノを作らない会社へ。その産業シフトのなかで、本来、値決めの常識を転換すべきでした。

しかし残念ながら、従来の常識が残ってしまったのです。

それが「良いものを、より安く」です。

日本がこの世の春を謳歌した黄金の４％時代、メーカーでも流通でも「良いものを、より安く」が成功法則でした。

「たくさん作れば、たくさん仕入れれば、安くなる」

いまだその空気が日本中に漂っています。大企業だけでなく、中小企業や自営業にも漂っています。これに支配されると、誰も自信を持って高い価格を付けることができません。

「良いものを、より安く」の前提には、コスト・プライシングがあります。

自らのコスト＝原価をもとに、それに利益を乗せて値決めするコスト・プライシング。

それは、

コスト　＋　利益　＝　売価

という式に基づく値決めです。

このコスト・プライシングによって、コストより高く売る「つもり」だった日本企業ですが、そんな思いとは裏腹に、価格はどんどん下落していきました。

こんどはあわててコスト削減に走ります。

下請けを泣かせて調達コストを削る、正社員を派遣社員やアルバイトに切り替える、ありとあらゆるコスト削減が行われていることは、もはや説明を要しないでしょう。

「もうこれ以上、削るコストがないぞ」。そう感じ始めた会社は、よくイノベーションを口にします。新規事業の開拓、ビジネスモデルの革新……しかし、それは簡単ではありません。

睡眠時間すら惜しんで働く人に「革新的なアイデア」を求めるのは酷というもの。

かくして最近では、妙な機能の付いた家電製品、ボタンばかり増えた安っぽいリモコン、「そんなもん、いらんわ」とおせっかいなおまけのついた新製品ばかりが目立ちます。

肝心な「値決めの哲学」は見直されないまま、「良いものを、より安く」は、「いらんもんを、より安く」に変質しています。

こうしていまもなお日本は、デフレとデジタルの「ダブルD」に苦しめられています。

3 やっつけられた側、アメリカが生みだした新しいプライシング

アメリカが歩んだ産業シフトとバリュー・プライシングの道

一方、こちら日本にやられたアメリカ。

メイド・イン・ジャパン全盛の1980年代からアメリカは、「日本にはかなわん」と思ったのか、モノ作りを離れ、新たな産業へのシフトを始めます。

国の後押しもあって、新たな産業が元気に立ち上がってきました。

その代表がIT産業です。シリコンバレーなどの新しい場所から、マイクロソフトなど小さくてイキのいいIT関連の会社がどんどん立ち上がってきました。

そして金融業でも銀行・保険・証券の垣根が撤廃されるなど規制緩和が進み、メリルリンチ、モルガン・スタンレー、リーマン・ブラザーズ、AIGなどの総合金融業が派手に

登場してきます。

また日本からコテンパンにやられた従来型のメーカーも変わり始めます。GEは家電製品の生産をすこしずつ中止し、高付加価値型のメーカーに生まれ変わりました。どちらかというとモノより付加価値を提供するサービス業への変身です。

日本が繁栄を謳歌《おうか》し、バブルに浮かれていた1980年代から「やっつけられた側」の逆襲が始まりました。

打倒日本の新しいエース産業は、「IT・金融・サービス」。

そして1990年代にはとうとう経済戦争の勝者は、アメリカになったのであります。「IT・金融・サービス」——脱工業のかけ声のもとで登場したこれらの産業は、当たり前ですがモノを作りません。無形の情報やサービスを顧客に提供してカネを稼ぐビジネスです。そこでは、モノ作り時代のコスト・プライシングをそのまま使うことができません。

そこでアメリカは、新しいプライシング発想へ転換します。それが、

売価　−　利益　＝　コスト

という値決め式です。

この式の「はじまり」は売価であって、コストではありません。

つまり「顧客はどれくらいの価格なら買ってくれるか」という、顧客の支払能力・心理・感情をベースにするのがこの式のポイントです。

顧客はこの製品・情報・サービスにどれだけの価値を認めてくれるか——顧客の感じるバリューをスタートとするのでバリュー・プライシング式と名付けましょう。

バリュー・プライシングで値決めを始めたアメリカは、ＩＴ・金融・サービスの新分野で、さまざまな「新しい値決め」を成功させていきます。

たとえばアップルのiPhoneやiPad、iPodなど、モノを売るという発想を超えたカッコ良さ、便利さを提供しつつ、高い価格を付けています。

かたや、アメリカをやっつけるまでモノ作りで成功したがゆえに、いまだコスト・プライシングに執着してコスト削減を繰り返す日本。

かたや、日本にやっつけられたためにモノ作りを離れ、新たな産業で新たなバリュー・プライシングを花開かせたアメリカ。

——これがいまの現状です。

顧客中心の値決めを目指そう

モノ作りで勝利した側と敗北した側が歩んだ、別々のプライシングロード。

その歴史から、私たちは何を学ぶべきなのでしょうか。

それは、**バリュー・プライシングの根底にある「顧客中心の思考」**だと思います。

値決めの主人公を、自分ではなく、顧客の側に置く――この発想の転換です。

自分のかけたコストを出発点にして、それに利益を乗せて値決めするのがコスト・プライシングであり、その主人公は自分です。わが国の値決めはここから抜け出すことができません。

だから良いモノを作りつつ、コストを削って「良いものを、より安く」を目指すのです。

そこにはコストを顧客に負担させようとする自己中心的な思考があります。


これに対して、売価から出発するバリュー・プライシングの主人公は顧客です。

ここでは、顧客がどれだけ満足してくれるかがポイント。顧客が満足してくれるなら、アップル製品のようにコストが安くても高い価格を付けていいのです。

逆に、顧客が満足してくれないものは、どれだけコストを削って安くしても、買ってもらえないと自覚する。そんな商売をするのは間違っているということになります。

このあたりに、情報・サービス業にかかわる人が「値決めの哲学」を持つためのヒントがありそうです。


「あなたが提供する製品、情報、サービスは、顧客を満足させているか？」

「安さを超えた、楽しさや、快適さや、共感や、居心地の良さを提供できているか？」


これについて自ら、振り返って確認してみましょう。

もし「大丈夫だ！」と思うなら、自信を持って高い価格を付けましょう。

もし「不安だな……」と思うなら、提供する製品やサービスそのものを見直すべきです。

はじめに「高く売る！」と決めて、そこから逆算してビジネスを見直す。

これが「良い値決め」です。

いまの日本では、コスト・プライシングの伝統が残ったまま、情報・サービス業へとシフトしてしまったところに不幸があります。

このまま発想を変えなければ、変動費ゼロの情報・サービス業などは「無料」に向かっていくしかありません。

そのプロセスで安い仕事に囲まれて「忙しい」が口癖になり、プライベートで自由な時間が取れなくなって、挙げ句に身体や心を壊しかねません。

「忙しい」を口にするたびに人は不幸になり、時間的な余裕と創造性を失うのです。


最後にひとつ、ため息の多い情報。サービス業、クリエーターの皆さんにアドバイス。コスト・プライシングに頭を侵され、売上・コストの予算でがんじがらめにされた大企業の担当者から、

「こちら少ない予算で運営しており、少額しかお出しすることができません」

とオファーを受けたなら、こう切り返してください。

「こちら少ない時間で運営しており、高額をいただかないとお伺いできません」

——君の成功と幸せを祈る。

第5章

顧客満足「高」価格をつくる「まぜプラ」

2015年グラミー賞の授賞式に登場した往年のロックスター、プリンス。

「アルバムって、覚えていますか?」とスピーチして、拍手喝采を浴びました。

そうなんです。

もうレコードでもCDでもなく、楽曲がバラバラにオンラインで切り売りされる時代です。挙げ句の果てに、「定額で聞き放題」サービスまで登場しました。

時の経つのは本当に早いものです。

そんな時の流れのなかで、アメリカでは新たな値決めの方法が生み出されています。

この章では、その変遷を眺めてみましょう。

そうすれば「あ、そうだったのか」とふだんの生活にある価格の謎が解けてきます。

往年のロック・ミュージシャンの来日公演が増えた理由もわかります。

さあ、アルバムなき時代の「価格の謎」を解いていきましょう。

1 顧客満足「高」価格へ向け、メンタルブロックを外せ！

牛丼とスタバ、プライシングの謎

12時をすこし回ったお昼のランチ、牛丼を食べてからスターバックスでコーヒーを飲む。

この当たり前の日常に、「値決めの謎」があります。

どうして牛丼よりコーヒーの方が高いのでしょうか？

おかしな話です。もしコストだけで価格が決まるなら、牛丼のほうがコーヒーより高いはず。

でも実際には、コストが高い牛丼が安く、コストが安いコーヒーのほうが高い。

この牛丼とコーヒーの値決めには、日本とアメリカのプライシングに対する基本姿勢のちがいが隠れています。

それがコスト・プライシングと、バリュー・プライシングです。

コスト・プライシング：　コスト＋利益＝売価
バリュー・プライシング：　売価－利益＝コスト

私は多くのレストラン経営者から、「原価の3倍で売価を決める」という値決めについて聞きました。「どうしてそうしているのですか？」と聞いても「以前先輩からそう教わったので……」といった、曖昧な返事しか返ってきません。

たしかにレストランの原材料コストは、売上の30％程度であることが多いです。だから「原価の3倍で値決めする」という判断は、経験的には正解。

しかしこのように考えてしまうと、「高く売る」という発想が出てきません。

それどころか「コストから価格を決める」は、ともすると「コストが安いのに、高い価格を付けるのは客に失礼である」という弱気につながりがちです。

ここがコスト・プライシングの弱点です。

それに対して、バリュー・プライシングでは、「売価」のほうを考えます。

コストのことは後回しにして、売価から先に考える。

「お客さんは、いくらなら気持ちよく払ってくれるだろうか？」

ここから値決めをスタートするわけです。

もちろんその理想は「高い価格で売ること」です。


日本より一足先に脱・工業の産業シフトが進んだアメリカでは、モノを作らない情報・サービス業のビジネスが登場しました。

ここでは従来型のコスト・プライシングをそのまま使うことができません。なにせモノを作らないわけですから、材料費などのコストが計算できません。

だからこそ「顧客が払える額」から出発して、高い値決めを実現するプライシングが発達したのでしょう。

牛丼を超えるスターバックスコーヒーの価格には、アメリカが歩んだ「高価格プライシングロード」の道のりが隠されています。

値決めメンタル・ブロックを外せ！

電車のなかで新聞を広げて読む人が減り、みんなスマホに向かっています。書籍や新聞にも電子版が多くなりました。

発行する出版社や新聞社は、新時代の値決めにずいぶん苦労しているようです。紙ではないデジタルデータを売る場合、従来のコスト・プライシングをそのまま使うことができません。

これまで書籍や新聞は、紙代や印刷代、輸送費などのコストをもとに値決めをしてきました。しかし、いまやこうした「自分のコストを出発点にした値決め」は時代遅れになっています。

紙の書籍と電子版の書籍では、輸送費や販売費まで含めたコスト構造がちがいます。また読者層も、ライバルもまったくちがいます。

ここでもコスト中心の値決めから、顧客を主人公に「いくらなら買ってくれるか」の値決めを行わねばなりません。

私たちはビジネス現場でよく「顧客満足」という言葉を使いますが、こと値決めについては、いまだコストを中心にした「自己中心的値決め」から抜け出すことができていません。

発行側のコストがいくらかなど、顧客の知ったことではありません。

顧客は、自分にとって高いか安いか、それだけで買うかどうか決めます。

まずは「価格はコストをもとに決めねばならない」というメンタル・ブロックを外し、顧客中心の値決めに向かいましょう！


私はここ数年、各地で「値下げするなら死んだほうがマシ」と題したビジネスセミナーを開催してきました。その参加者の多くは、情報・サービス業、そして税理士や社会保険労務士といった士業の人たち。

彼らは皆「報酬の下落」に苦しんでいたのです。

彼らの話を聞くと、みんな判で押したように、「顧客満足」を口にしていました。

顧客満足――彼らは「良いサービスを、より安く」の実現によって、顧客満足を高めようとしていました。

そろそろ私たちは、「価格はコストをもとに決めねばならない」に加えて、もうひとつメンタル・ブロックを外したほうが良さそうです。

それが、「顧客は安いほうが喜ぶ」という思い込みです。

安ければ安いほど顧客は満足する――ほとんどのビジネスマンがそう思い込んでいます。

これでは、どれだけ良いモノやサービスを提供しても、高く売ることができません。

決してそんなことはありません。

それはイオンやヤマダ電機、ユニクロやニトリに任せておけばいいのです。

発想を変えましょう。それが、安さを追求する顧客満足から、**できるだけ高い価格で顧客満足を目指す「顧客満足『高』価格」への転換**です。

とくに新しい情報・サービス業や、規模の小さいビジネスを展開する人たち。

これからは顧客が満足し、納得する「高価格」を目指しましょう。

顧客満足を「低価格」で実現するのはもうやめて、顧客満足「高価格」を目指そうではありませんか！

値決めについての3つの価格ゾーン

図表5－1を見てもらえばわかる通り、値決めには3つの価格帯があります。

低い方からコスト回収価格ゾーン・ライバル価格ゾーン・満足『高』価格ゾーンです。

図表5-1 3つの値決めゾーン

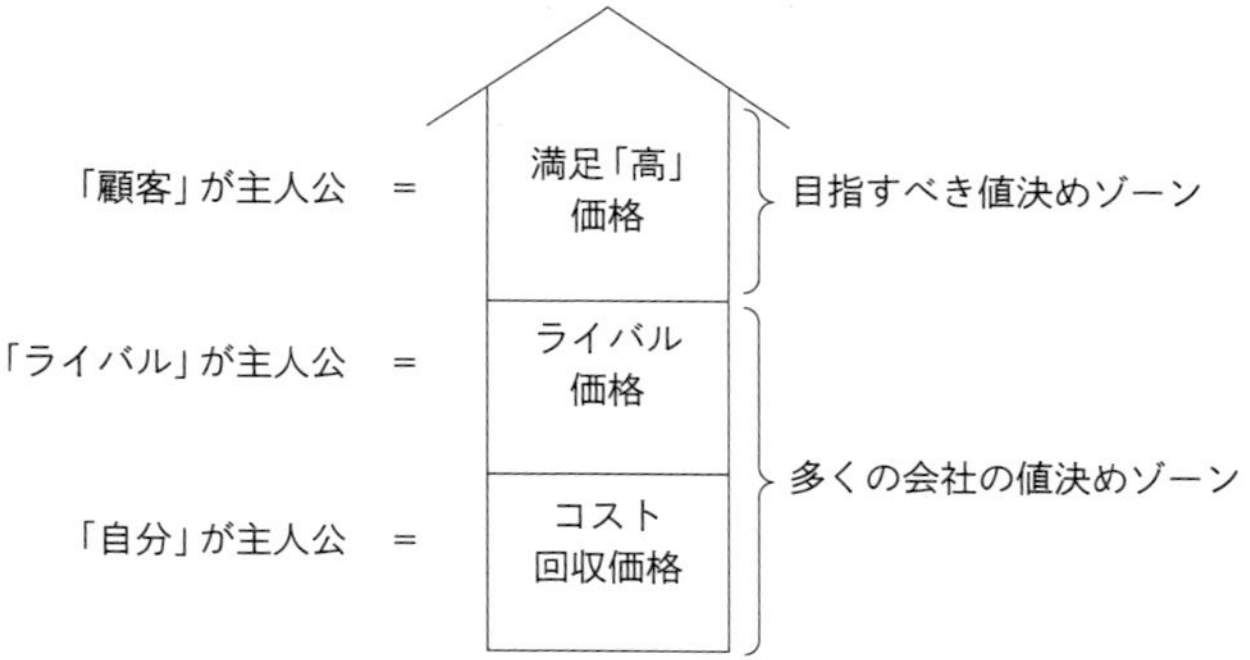

一番下が「コスト回収価格ゾーン」。自らのコストを回収できる価格帯です。

真ん中の「ライバル価格ゾーン」は、周りのライバルたちがどれくらいの価格で売っているかの価格帯。

一番上の「満足『高』価格ゾーン」が、顧客が満足、納得して高くても買ってくれる価格帯です。この3つはそれぞれ、「自分・ライバル・顧客」に対応しています。

実際のところ、顧客満足を口にしている多くのビジネスマンですが、値決めについてはコストとライバルのことしか考えません。

その値決めポリシーは「コストが回収できて、ライバルよりすこし安い価格」を見つけること。

日本中の値決めの90％以上がこれによって行われていると言っても過言ではありません。

この値決めポリシーでは、ライバルたちが価格を下げ始めると、自分もそれに合わせて下げ始めます。レッドドッグたちの戦いです。

そんな競争からサヨナラするためには、一番上の「満足『高』価格」を目指すほかはありません。

悪い値決めは、コストとライバルの価格しか見ない。
良い値決めは、顧客満足「高」価格を目指す。

問題は「高価格への道」を、どうやって探すかです。言うは易し、行うは難し。

誰もが簡単にグッチやエルメスなどのブランド高価格を実現できるはずがありません。

高価格の実現には、さまざまな方法論やアプローチ、考え方があるようです。

ここから、アメリカが歩んできたプライシング・ロードの道のりを、読者に紹介しましょう。

2 「まぜプラ」は、ひげ剃りから始まった

アメリカ、ごちゃまぜプライシング＝まぜプラの歴史に学ぼう

最近のわが国では原材料費などの「コストの高騰」を理由に値上げを行う例が多いようですが、これはよろしくありません。

なぜなら、値決めが「コスト回収」のゾーンを出ていないからです。コストや消費税がアップしたから価格転嫁する――これぞ古き昭和のコスト・プライシング発想そのもの。

まずはこの言葉を禁句にしましょう。

そして合い言葉はもちろん、「目指せ、満足『高』価格！」。

しかし、理由なく値上げしたら、お客さんにソッポを向かれてしまいます。

日本に敗れたアメリカでも、長い歴史のプロセスで、すこしずつ「高く売るための仕組

図表5-2　複数の儲けを組み合わせる

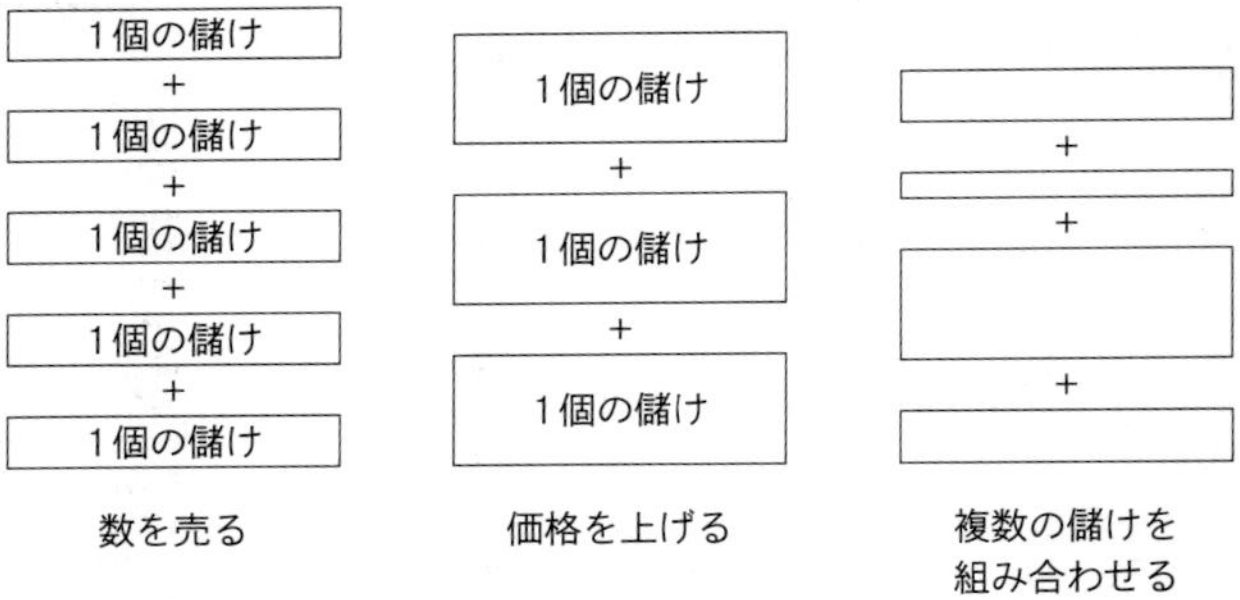

み」が登場してきました。これがマーケティングの発想です。

良いモノやサービスを作るだけでなく、見せ方、売り方、儲け方そのものを考える――アメリカのマーケティングは、単品を売ることから、複数の商品・サービスを組み合わせる方向で進化してきました。

「数量を売る」だけでなく、「価格を上げる」だけでもなく、「複数の儲けを組み合わせる」。

単品のプライシングから、複数の組み合わせを売るプライシング・ミックスへ。

そこでは「何と何を組み合わせるか」がポイントになります。

この「複数の儲けを組み合わせる」方法は、歴史的に次の3つの段階で進化してきました。

①ジレット・プライシング
②フリー・プライシング
③O2Oプライシング

まず「①ジレット・プライシング」。これは「1個の儲け」の薄いものと厚いものを長期的に組み合わせます。

次に「②フリー・プライシング」。これは「儲けのないフリー（無料）」と、「儲けが厚いもの」を組み合わせます。

最後に、最近現れた「③O2O（オー・ツー・オー）プライシング」。これはオンラインとオフラインの組み合わせです。

このような組み合わせを、「ごちゃまぜプライシング＝まぜプラ」と名付けましょう。

バリューセットからジレットモデルへ

単品を売るのではなく、複数の商品やサービスを組み合わせて売る「まぜプラ」。そんな「まぜプラ」の始まりは「セット販売」です。

もっともわかりやすい例が、マクドナルドで売られている「バリューセット」。ハンバーガー・ポテト・ジュースを組み合わせたバリューセットのセット価格は、単品の合計価格より、安く設定されています。

客から見れば、単品で注文するより、セットで買うほうがお得。

店から見れば、「1個の儲け」が薄いハンバーガーに、「1個の儲け」が厚いフライドポテトとジュースを組み合わせ、儲けを積み上げることができます。

こうした定食型の「まぜプラ」によって、儲けを積み重ねるのがバリューセットです。

これがさらに進化すると、組み合わせが定食型の「1回限り」ではなく、「長期的に、何回も」買ってもらう仕組みになります。

——それが「①ジレット・プライシング」のモデルです。

ジレットはアメリカで大手の剃刀《かみそり》メーカーです。

20世紀の初め、創立者ジレットは、苦労と工夫の末に「長期的に、何回も」買ってもらう工夫を編み出しました。

ジレットの発明である「替え刃式T型剃刀」は、それまでの丈夫で長持ちする剃刀とはちがい、薄い替え刃を取り替えます。はじめに剃刀本体を販売したうえで、そのあとに替え刃を「長期的に、何回も」買ってもらうことで儲けを積み重ねるのです。

ここで顧客がはじめに買う剃刀本体は、比較的安い価格で提供されるのがポイント。従来の剃刀より安い価格を付けて、「おっ、安い」と手に取らせます。本体の「1個の儲け」は少なくてもかまいません。なぜならあとから「1個の儲け」が厚い替え刃の儲けを積み重ねることができるのですから。

こうして、「1回限り」の定食型組み合わせから、「長期的に、何回も」売る方法として誕生したジレットモデル。この仕組みは、さまざまな製品に広がっていきます。

身近なところでは電動歯ブラシ。これも本体を安価で売ったあと、スペアブラシを家族分、何回も買ってもらうことで儲けています。

ジレット・プライシングを取り入れて大変身したキヤノン

ここで注目すべきは、ジレット剃刀にせよ、電動歯ブラシにせよ、本体に比べて、あとから買い換える替え刃・スペアブラシの「1個の儲け」が大きいこと。

本体を安い価格で売り、あとから儲けるこの売り方は、**最初の本体が「おとり」になっていることからキャプティブ（おとり、捕虜の意味）戦略と呼ばれることもあります。**

このキャプティブ戦略、ジレットモデルを取り入れて変身した会社がキヤノンです。

キヤノンのコピー機、プリンター、デジタル一眼レフカメラの「本体」は比較的安くプライシングされています。しかし、これは「おとり」なのです。

コピー機でいえば、あとからトナーを取り替えなければなりません。インクジェット・プリンターはすぐインクがなくなるので、これも買い換えが必要です。

また一眼レフカメラは本体は安いものの、交換レンズはかなり高めの価格が付けられています。撮った写真をプリントするには紙代がかかり、何枚もプリントするうちにプリンターのインクがなくなります。

こうして「長期的に、何回も」儲ける組み合わせで儲けているわけです。

そして、どう見ても「長期的に、何回も」、あとから買う製品は「1個の儲け」が大きい。

かつてのキヤノンはモノ作りそのもので儲ける会社でした。

キヤノンはニコンと並んで、カメラでは世界的なトップ企業です。しかし性能が良く、丈夫で長持ちする製品は、なかなか買い換えてもらえません。「1回限り」の本体販売で終わってしまうわけです。

そこでキヤノンは本体と補充品の組み合わせで儲けるべく、ビジネスモデルを根本から変えました。そこでは「1個の儲け」が薄い本体と、「1個の儲け」が厚い消耗品が組み合わされています。

儲けをあとからじっくりゆっくり長期的に積み上げる。

——これが「①ジレット・プライシング」です。

3 威力十分な「無料」と「有料」をミックスする

190円電球を買ったあとに100円2個入りを見つけた精神的ショック

20世紀の初めにアメリカで発明された組み合わせが、100年のときを超え日本のキヤノンにやってきました。

そして本家アメリカでも、ジレットモデルはさらなる展開を見せました。

それがネット時代に登場した「②フリー・プライシング」モデルです。

ネット時代のジレットモデルは、安かった「おとり」がさらに安くなり、とうとう「無料」へと進化しました。

「無料」＋「1個の儲け」が厚い製品・サービスとの組み合わせ。

その「②フリー・プライシング」について説明する前に、「フリー＝無料」のインパクトについて考えてみましょう。

私たちは「無料」に弱いです。「無料」の魅力に逆らうことができません。

街では「先着〇名様、無料プレゼント！」の看板の前に長い行列ができています。

これはどういうわけなのでしょう？

個人的な話で恐縮ですが、先日、実家に帰省したとき、電球が1個消えました。急いで近所のホームセンターに行った私は、そこで電球1個「190円」で買ったのです。

悲劇はそのすぐあとに起こりました。

別の用事で、ダイソーに行った私は、そこで電球が「2個100円」で売られているのを見てしまったのです！

「損した……」

落胆、憔悴、動揺。私は決して金持ちではありませんが、それほど貧乏でもありません。

100円損したくらいで生活は影響をうけません。

なのに、この「思い切り損した感」はどうしたことでしょう。

そのショックの正体は、間違って高く買ってしまった「後悔」の心理です。

「無料！」の絶大なパワーをビジネスに活かす

この後悔がまったく存在しない買い物があります。

――それが「無料」です。

世の中にタダより安いものはありません。あとから「損した……」にならないのが無料。だから後悔の怖い私たちは「無料」に心を奪われてしまうのです。

そのことに気が付いたアメリカのビジネスマンたちは、「無料」を前面に打ち出して、客の心をわしづかみする作戦を考えました。

たとえばハワイで定番のチョコレートのおみやげ。

そこでよく「Buy 5, Get 1 Free」などと書かれています。

「5個買うと1個無料」――これは数字的に、そして心理的に効果絶大です。

まず数字でいえば、20%オフよりも、「5個買えば1個無料」のほうが儲かります。

図表5-3　20%オフと5個買うと1個無料、どっちが儲かるか？

■ 20％オフの儲け：「1個の儲け」100円 ×
販売数量 5個＝「全体の儲け」MP500円

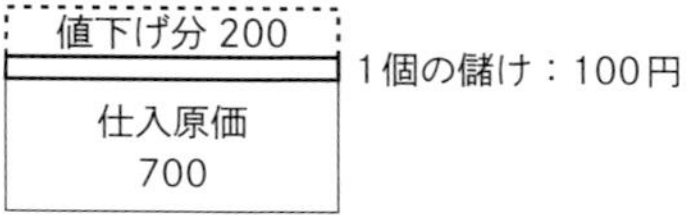

■ 5個で1個無料の儲け：「1個の儲け」300円 × 販売数量5個＝1500円
1500－無料分仕入原価 700＝
「全体の儲け」MP800円

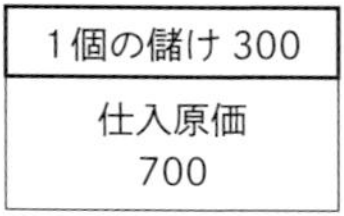

７００円で仕入れ、１０００円で売っているチョコレートで計算しましょう。「20％オフ」と「5個買うと1個無料」では、「1個無料」のほうが儲けが大きいです。

20％オフでは、値下げした分だけ「1個の儲け」が減ります。

この場合、1個について２００円が減るので、5個分で１０００円の儲けが消滅。

それなら仕入７００円のチョコを1個おまけしたほうがいい、というわけです。

「○％オフ」より、「1個無料」のほうが儲かる、しかも心理的に効果が大きい。

だから「無料」メッセージを使うほうが「数字的・心理的」に効果的なのです。

紳士服販売では「○％オフ」よりも「3着目無料」のほうが効きます。

入場料をとる場所では、大人と子どもの料金を両方割引するより、「子ども無料」のほうが効果的です。

無料と有料をまぜるフリー・プライシング

あるゴルフ場では、プレーを予約したお客さんが、時間通りに来てくれないという悩みに頭を抱えていました。

自動車で連れだってやってくるお客さんは、予約した時間に遅刻することが多く、キャディーさんの手配が間に合いません。

どうにか朝早く、時間通りに来てもらう方法はないものか？

そこでゴルフ場は、オジさんたちを時間通りに早く来場させる奇策に出ました。

それが「朝食無料サービス」です。

このサービスを開始して以来、遅刻しないで早めに来る客が増えたそうです。

――このエピソードを聞いて、思わず私は苦笑しました。

「無料に弱いのは、オバさんだけじゃないんだ」

そう、女も男もありません。人は皆、無料に弱い生き物なのです。

このように威力十分な「無料」のインパクト。

それがジレットモデルに応用され、新しい「無料＋有料」の組み合わせが出てきました。

とくにネットでの活用が目立ちます。

多くの方が利用しているドロップボックスというデータ保存サービスは、一定容量までの利用は「無料」で提供されています。

しかし音声・画像などを大量に保存するユーザーは、やがて無料分では容量が足りなくなります。そこで「こちらへどうぞ！」とばかりに、「有料による容量増加」サービスが提案されるわけです。

このほか、最初は無料で見られるけど、続きは有料の電子書籍や、無料で遊べるけど、有料の武器を買いたくなるスマホ・ゲームなどが増えています。

ネットショップでは「送料無料」の店が目立ちます。

ネットだけではありません。

「無料」パワーはあらゆるビジネスに広がってきます。

- 初回無料
- 送迎無料
- 2カ月会費無料
- 事務手数料無料

最近のチラシや広告には、こんな言葉が多くなりました。

「無料」はビジネスだけではなく、大学にも広がっています。

「入学金&受講料一部無料」——そんな広告を出す大学が現れ始めました。

一部のサービス、一部の人を「無料」にするだけであとは有料なのですが、私たちはとにかく「無料」に目がいってしまいます。

携帯電話では「家族間通話無料」のサービスが提供されています。

「おお、無料か〜!」と興奮して契約した皆さん、よ〜く振り返ってみてください。

あなたはこれまで、どれだけ「家族間」で通話をしたでしょうか。

娘や息子と、長時間電話で話しましたか？

奥さんや旦那さんと仲良く長電話したことがありますか？

そんな人はほとんどいないはずです。

「あ、いまから帰るね、じゃあ」「うん、わかった」

こんなものでしょう、親子の会話って。

どこの亭主とヨメが長電話しますかって。

私たちは、実際ほとんど意味のない「家族間通話無料」に心を動かされ、家族全員の契約をしてしまいます。

携帯電話会社はわかっているのです。私たちが「無料に弱い」ということを。

だから目立つ「家族間通話無料」を前面に打ち出しつつ、その裏でちゃっかり稼ぐところでは稼いでいます。

きっとこの先も、本当は割引が欲しい「不倫間通話無料」が登場することはないでしょう。

目立つ「無料」を強調しつつ、こっそり「有料」で稼ぐ——これが「②フリー・プライシング」です。

4 儲けと楽しさ、DOGとCATのO2Oミックス

往年のロックミュージシャン来日コンサートが増えた理由

①ジレット・プライシングから、②フリー・プライシングへと進化した流れはもう止まりません。
最近では、ネット環境から、さらに新しい③Ｏ２Ｏ（オー・ツー・オー）プライシングが登場しています。

それはプリンスが「アルバムって、覚えていますか？」とスピーチした時代が背景です。

近年、往年のロックスターたちがこぞって来日し、コンサートを開いています。

ポール・マッカートニー、エリック・クラプトン、ローリング・ストーンズ、キッス、

ジェフ・ベック、ヴァン・ヘイレン、エアロスミス、ボストン……（すみません、かなり好みが入りました）。

その大きな理由が、「アルバムが売れない」ことにあります。

苦労して新作アルバムを作っても、いまやまったく売れません。

レンタルCDが登場して、買わなくても「借りられる」ようになりました。またデジタル環境では、楽曲データを違法なソフトで無料入手する輩も現れます。

実はミュージシャンこそ、デジタル環境でもっとも早くDOGになってしまった職業です。オンラインの場で稼げなくなった彼らは、活躍の場をリアルの場、つまりオフラインに求めました。それがコンサートです。

このような、オンラインからオフラインへの流れがO2Oです。

入場料を払ってコンサート会場にやってきたファンは、そこでパンフレットやCDなどのグッズを買います。ここに「楽曲収入＋コンサート収入＋グッズ収入」というO2Oがあります。

しかも多くの場合、コンサートの模様は録音・録画され、ライブ盤としてのちに発売されます。オンラインからオフライン、そしてまたオンラインに戻るのです。

世界的に有名なミュージシャンですら、デジタル環境では活躍の場をオフラインに広げています。

DOGなオンラインの場とちがって、オフラインはCATな場です。実際のコンサート会場で（アナログ）、アーティストと触れあって感動・共感し（タッチ）、そこにしかない居心地の良さ（コージー）を味わう場所。

便利だけど血の通わないDOG空間と、こぢんまりして居心地良いCAT空間の組み合わせ。

DOGの「1個の儲け」は薄い空間ですが、CATの「1個の儲け」は厚いことが多いようです。

ネットから飛び出したイーザッカマニアのO2O

大物アーティストのあとに書くのはかなり気が引けますが、私もいまO2Oの流れのなかにいます。

個人的には、ひとりこもって本や連載の原稿を書くのが大好きですが、正直なところ、印税や原稿料だけでは、あまり稼げなくなりました。

この先、電子書籍の時代にどうなるかもまったく未知数。自分の書く文章がスマホのゲームに勝てそうな気もしませんし……。

ならば活路をオフラインの場に求めることになります。私の本を読んだ読者が、ありがたいことに私のセミナーや講演に来てくれます。またコンサルティングの依頼を受けます。

そんな人たちは、私の新刊が出たときには買って応援してくれます。

これはまさにオンラインとオフライン、O2Oの組み合わせです。

ほかにもO2Oの新たな例が出ています。

イーザッカマニアストアーズという服・バッグ・靴などを販売するお店があります。

もともとは神戸の小さなネットショップから始まりました。

おしゃれでカワイイ！と評判を呼び、いまは若い子たちに人気の有名なショップです。

そのネットショップが、渋谷に「スタイリングラボ」をオープンしました。

そこでは来店するお客さんに、スタッフがコーディネートをアドバイスしています。

オンライン・ショップから飛び出し、実際に服を試せるコーディネートの場をつくったわけです。お勧めコーディネートを気に入ったお客さんは、あとで服をオンラインで買います。

――これもまたオンラインとオフラインのO2Oミックスです。

もはやO2Oは大企業だけのものでも、有名アーティストだけのものでもありません。すべてのビジネスに応用できる組み合わせです。

しかもO2Oの組み合わせは、DOG争いから抜け出し、顧客満足「高」価格を求める重要なチャンスとヒントをわれわれに与えてくれます。

だからといって、O2Oで成功するのは、そう簡単ではありません。オンラインとオフラインはまったく別の価値観にもとづく世界です。これには気をつけなければなりません。

オンライン・DOG環境は、「無料がまじると最高！」な安さを求める世界です。
オフライン・CAT環境は、「楽しさがまじると最高！」な快適さを求める世界です。

この2つはまったく方向性がちがいます。

ＤＯＧでの戦いを好む男性ビジネスマンは、ＣＡＴな世界観が理解できません。

データ分析をこねくり回し、パワポでビジネスモデルをつくるのが得意な男性たちは、楽しい共感・感動、居心地の良い場所をつくるのが不得意です。

ここに、メーカー中心の工業社会を引っ張ってきた男たちの限界があるように思います。

ミュージシャンたちは、コンサート会場に足を運んでくれたファンを喜ばせようとします。

私は、セミナーにやってきた読者に「来てよかった」と思われるよう努力しています。

イーザッカマニアのスタイリングラボに行った私の娘は「行ってよかった、すごく楽しかった！」と嬉しそうに話していました。

ＣＡＴな感性は楽しさ＝Fun が命。

男性たちが会議室で考えたであろうＯ２Ｏは、「スマホでクーポンをゲットできる」など、楽しさが感じられないプランばかり。

私はそんな頭でっかちな企画に、工業社会の終わりを感じます。

すでに「まぜプラ」は、「儲けの薄いもの＋厚いもの」から、「儲けるもの＋楽しいもの」

の組み合わせに変わってきています。

ここに「まぜプラ」をめぐる、大きな時代の変化があります。

いまの時代、安いだけでは買ってもらえません。みんな、スマホに送りつけられる割引クーポンに飽き飽きしています。

安さに飽きた消費者は「楽しさ」を求め始めました。

私たちは、楽しいこと、感動できることにお金をつかいたいと思っています。

儲けに楽しさを加えるFun Mix、共感・感動・居心地の良いビジネスづくりには女性的な感性が必要です。

あまり大きな声では言えませんが、工業社会で威張ってきた男たちにはもうムリ。

男たちの会議で決まったO2Oミックスは、無料が有料や楽しさにつながらず、「単なる無料」で終わってしまう恐れがあります。

「苦労と我慢」によって成功を求める人々に、Fun Mixはつくれません。

スケールメリットの崩壊は、男性的シェア重視・拡大重視の崩壊でもあります。

女性の皆さん、そして若い皆さん、君たちの時代がやってきました。

日本の将来のため、ぜひがんばってくださいませ。

第6章

顧客に心地良い
サプライズをつくる
「ここプラ」

「〇%OFF」「半額セール」「無料!」……。

街では、さまざまな安売りキャンペーンのメッセージが目に入ります。

安くするにもいろいろなやり方があり、そして表現のしかたもいろいろです。

割引のしかたによって儲けが変わり、メッセージの工夫によって売れ方がちがってきます。

たとえば「半額と無料」ではどんなちがいがあるのか。商人たるもの、それを知ることなく、安売りをやってはいけません。

安売りは数字+マーケティングで考えることが大切。

それだけじゃありません。すでに世の中では、私たちの「心を読んだ」=心理学的な売り方、値決めまで登場しているのです!

数字+マーケ+心理学が組み合わされた新手法……どんな手法が誕生しているのか?

本章では、巷に現れた「新たなプライシングの謎」を追います。

1 「原価300%」レストランの謎

「半額」と「無料」にみるメッセージパワーのちがい

最近よくチラシや電車の広告などで「半額!」の文字を見かけます。
そのたびに「大丈夫だろうか?」と心配してしまうのが私の悲しい性《さが》。
数字的にいえば「半額」はかなり危険な行為です。
なぜなら「半額」は、下げた分だけ儲けをまるまる減らしてしまうからです。
その分だけ、たくさん売らないとカバーできません。
しかし、いまや「半額」メッセージには、かつてのようなインパクトがありません。
それならいっそ、効果絶大な「無料」のメッセージ・パワーを使うのはどうでしょう?
「半額」で3個売るより、「3個買えば1個無料!」のほうがインパクトが強烈。

図表6-1　「無料」は「半額」より「全体の儲け」が大きいか？

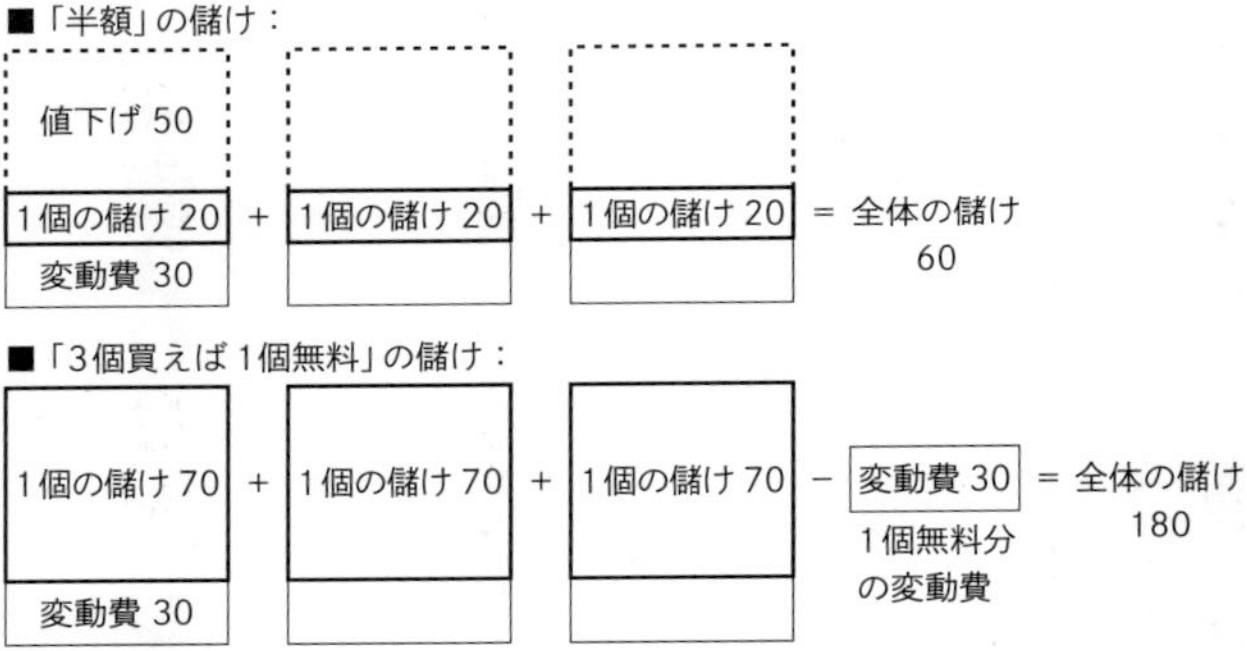

しかも、「3個買えば1個無料！」のほうが儲けがはるかに大きいのです。

たとえば、1個30円で仕入れて（変動費）、100円で売っている商品でシュミレーションしてみましょう。

「半額」の場合、「1個の儲け」が減って20円になり、3個分売った「全体の儲け」は計60円になります。

では「3個買えば1個無料！」はどうでしょう？

この場合、「1個の儲け」は70円のまま、これが3個分で計210円。そこから「無料」分の変動費1個30円が引かれ、結局、残った「全体の儲け」は180円です。

図表6-2　「無料」は固定費ビジネス向き

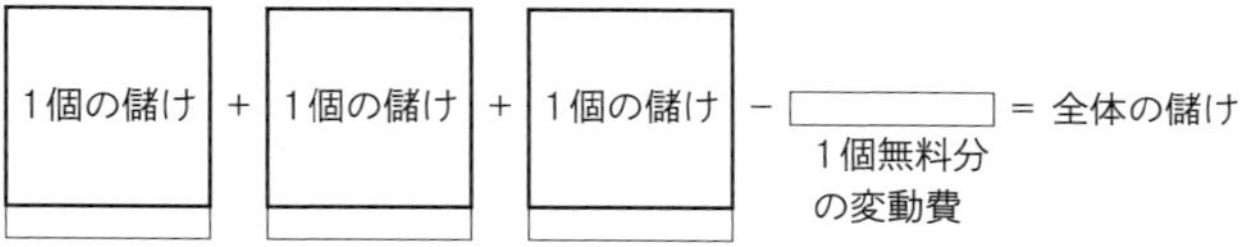

この例でいえば、「半額」では60円の儲けに対し、「1個無料」の儲けは180円。

――なんと「無料」のほうが3倍も儲かるというわけです!

メッセージ性の強い「無料!」のほうが、儲けも大きいことがわかります。

「無料」はもともと設備型・固定費中心向き

「無料!」は、変動費が小さい「固定費中心ビジネス」では、さらに効果を発揮します。

固定費ビジネスの場合、「1個の儲け」が大きいうえに、無料でおまけする分の変動費コストが小さい。だから「無料!」メッセージに喜んでお客さんが来てくれれば、大儲けできます。

これをうまく使っている典型的な例が、航空会社のマイレージと、映画館のシネマイレージです。

世界で初めてマイレージサービスを始めたのは1981年のアメリカン航空です。

当時業績が悪化していたアメリカン航空は、マイルをためれば「無料」航空券を手にできるアドバンテージ・プログラムで、1年で100万人もの会員を獲得しました。

その後、多くの北米航空会社が同様のサービスを導入し、1997年には日本の大手航空会社も揃ってマイレージサービスを始めました。

映画館でも、マイレージというサービスが行われています。TOHOシネマズでは、「6回観たら1回無料！」のシネマイレージというサービスがあります。

そして私たちは無料で観に行った映画館で、これまた原価の安そうなポップコーンを注文し、そして帰りにパンフレットを買ってしまいます。

こうして「無料＋有料」ミックスに乗せられているわけですね。

航空会社と映画館はどちらも同じ固定費型ビジネスです。

余っている座席があるなら、「無料！」メッセージによって顧客を呼び込んだほうがいい。

このほかホテルやスーパー銭湯などでも、さまざまな「無料！」メッセージを用いたキャンペーンを見かけるようになりました。

ここで注意が必要なのは、これらのビジネスはすべて「設備中心」の固定費ビジネスだということです。

物理的な設備に空きを埋めるために「無料！」を使っています。

これをそのまま「人間中心」の情報・サービス業に用いるのは少々問題があります。

賢明な読者はすでにお気付きのことでしょう。

「人間中心」の固定費ビジネスで、「無料！」キャンペーンをやってしまうと、提供する人間の「時間」が奪われることになるからです。

すでに「忙しい」「疲れた」が口ぐせの士業やサービス業のクリエーターたちは、無料キャンペーンには向いていません。病気や家庭不和を起こす恐れがあります。

それにしても偉大な「無料！」のメッセージパワー。

一方で、変動費の大きいビジネスでは、何かほかに手はないものでしょうか？

お客さんに強烈な印象を残すようなメッセージ……。

先日、まさにそんな例を見つけました。

意表を突いた「俺のイタリアン」のメッセージ

「ぜひ原価の高い料理を選んでくださいね」

その言葉に、私はギョッとしました。

レストランのウェイターから、こんなメッセージを聞いたことがありません。


私も「この料理、原価はいくらだろう？」と想像することはよくあります。でもそれは自分で想像するだけです。ぜったい店の人に聞くことはありません。

原価はお店にとって、もっとも内緒にしておきたい数字です。

注文を取りに来たその店のウェイターは、客の私に向かって堂々と「この料理が一番原価が高い」と宣言したのです。私は軽いカルチャーショックを受けました。

その店は「俺のイタリアン」です。

図表6-3　原価率300%のメニュー

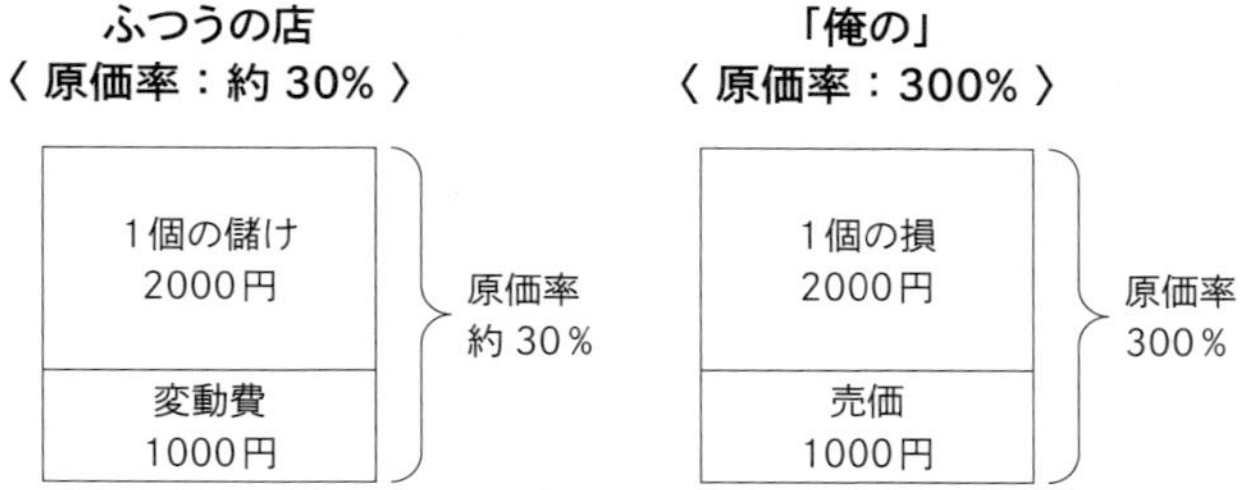

ブックオフから飲食業に転身した坂本孝社長が経営する「俺の」イタリアン・フレンチは、「一流シェフの料理を立ち席で楽しむ」新しいスタイルを提案。美味しい高級料理を安く食べられると評判になり、どの店も行列ができる賑わいです。

東京から始まった「俺の」イタリアン・フレンチは、福岡、大阪にも出店していきました。

大阪での出店にあたっては、なんと「原価率３００％」の看板料理「活きあわびと生うにのゼリー寄せキャビア添え」を開発したそうです！

ふつうレストランでは、売価に対して30%の原価率が標準的な数字です。

「原価率３００％」ということは、売価に対して原価が原価が３倍。１０００円の売価に対して原価が

3000円です。ということは、1個売るたび「1個の損」が2000円出ます。

「原価率300%」は、まさにサプライズ。

このニュースが報じられるやいなや、かなりの話題になりました。

孫子の兵法にいわく「およそ戦いは、正を以て合し、奇を以て勝つ」。敵と対峙するときは正規の作戦を採用し、敵を破るときは奇襲作戦を用いるべし、との教えです。

「原価率300%」という価格は、「戦いは奇を以て勝つ」を地で行く、サプライズ・プライシングです。

このメニューは1日20食限定。この約1000円のメニューを売るたび「1個2000円の損」が出ることから、1日あたりで計算すれば毎日「4万円の損」が出ることになります。

この「1日4万円の損」の実態は、「広告宣伝費」であると私は思います。この話題が報道されただけでかなりのインパクトがあり、また実際に食べたお客さんの話が口コミで伝わります。効果絶大な広告宣伝費だと考えれば「1日4万円の損」など安いもの。いまどき「1日4万円＝ひと月120万円」では大した広告が出せませんからね。

こうした、枠にとらわれない柔軟な発想は見習いたいものです。

わざわざ「赤字」をネタにして話題をつくり、ウェイターまで「原価の高い料理を選んでくださいね」と盛り上げるこのお店、まことに恐るべし。

「無料！」にしても「原価率300%」にしても、そのメッセージだけでお客にサプライズを届け、店に足を向けさせる強烈なインパクトを持ちます。

このような「心地良いメッセージ」でお客を動かすプライシングを「ここプラ」と呼ぶことにしましょう。

「○%OFF」や「半額」ではもはやお客の心を動かすことはできません。

「ここプラ」を使って、お客さんに「気持ちよく」高く買ってもらう手を考えたほうが良さそうです。

2 メッセージを変えるだけでこれだけ売れる

「世界最小のフィットネスジム」のメッセージで売れたシューズ

スイス製のMBTというスニーカーがあります。

Masai Barefoot Technology（マサイ族の裸足テクノロジー）と名付けられたこのシューズは、「自然な不安定さ」によって歩きながらトレーニングができ、マサイ族のような凛々《りり》しい立ち姿になれるというもの。

日本ではこのシューズ、3万円近くの価格で売られていきます。

会社はこのシューズを、「世界最小のフィットネスジム」というメッセージで売りました。

シューズで3万円はかなりの高額です。

しかし、フィットネスだと言われれば、お客の気持ちはちがってきます。

ジムの会費を想像した人は、「それならいいかも」と考えるかもしれません。

それぞまさに「ここプラ」のメッセージ・マジック。

リーボックのイージートーンは、歩くだけで「美脚」になれるというメッセージを発信して女性の心をつかみました。これまた見事なものです。

イントロダクションで紹介した使い捨てコンタクトも、「ここプラ」の成功です。

使い捨てコンタクトは、単純に値下げするのではなく、「清潔・健康のために」とメッセージを添えて売ることで、大量の販売を成功させました。


これらの成功例では、ただ製品を説明するのではなく、「それによって得られるもの」を具体的に表現できています。

- 凛々しい立ち姿になれる
- 美脚になれる
- 清潔で健康でよく見える

「良いものを、より安く」売れば良かった時代は終わりました。**「楽しくて・キレイで・健康な自分になれる」。そんなイメージを届けることによって、「良いものを、より高く」売ることができます。**

見せ方とメッセージの工夫、アピール。

それは日本人のもっとも不得意とする分野かもしれません。真面目な日本人は、商品・サービスそのもの、その性能や特徴をアピールするだけで終わってしまうことが多いです。

自分自身の自己アピールも苦手です。

これは私の外資系時代の経験です。

当時、若き日の私は、海外プロジェクトに応募する自己アピールの書類を書いていました。

そこに自分の経歴や長所、短所などを書かねばなりません。

典型的日本人気質の私は、自分の短所はいくらでも書けますが、長所のところに書くことを思いつきません。

「う〜ん」と悩んでいた私のもとにやってきたのがユダヤ人の上司。

それを見るやいなや、
「なんで短所に『英語力が不足する』なんて書いてんだよ、バカか、お前は」(英語で)
うつむく私をしり目に、彼はそれを消して、長所のところにこう書き入れたのです。

「日本語が完ぺきに話せます」

……やられました。脱帽です。
ユダヤ人が世界中で金儲けしている理由がよ〜くわかりました。
私は悟りました。「こんな奴らにはかなわん」。
私はこの一件で、外資系を辞める決意を固めたのです(マジです)。
日本人は自己アピールが下手くそです。
自分自身についても、そして製品やサービスについてもアピール下手。
これではいけません。値下げ圧力の強いDOG環境では、確実に負け犬になります。
顧客に心地良いCATを届けるには、ユダヤ人を見習わなければなりません。

つい見かけにだまされてしまう私たち

売り方のメッセージを変えるだけで、ずいぶん印象が変わります。

そのためには「柔軟な発想」が必要です。

お堅いはずの銀行ですが、「やるなあ」と思ったのが、先日見た三井住友銀行のATM。大きな看板に「銀行ATM」と書かれています。

どこの銀行とは書いてありません。あくまで「銀行ATM」。

自分のカード銀行以外でお金をおろすと手数料が取られます。

しかし「銀行ATM」だと、なんとなく手数料無料だと思って足を運んでしまうのです。

これは「自らの銀行名を隠す」ことによって、手数料を増やす作戦にちがいありません。


私がよく行く寿司屋では、店のあちこちに「20時まで半額」と派手に書かれています。

20時前になると家族連れなどが多数訪れて、行列ができることもあります。

しかし私がにらんだところ、これはユダヤ人的な「ここプラ」です。

「心地良いメッセージ」でお客さんをハッピーにさせているわけです。

この店の実態はおそらく「20時まで半額」ではなく、「20時を過ぎたら価格2倍」です。そこを「20時まで半額」としたところがポイント。ものは言いようです。20時過ぎてやってくるおっさんたちは、家族連れほど価格のことを気にしません。すでに酔っ払っていい気分だったり、会社のカネで飲み食いする人たちが多いからです。

これに対して先日行ったレストランでは、あるメニューについて「19時以降は200円増し」と書かれていました。

同じメニューなのに、夜だけ「200円増し」。これでは夜、注文する気になれません。せっかく美味しいこの店、メッセージを「19時まで200円引き」に変えるだけで注文が増えるのになあ、と思います。

メッセージを「言い換える」だけで、印象がガラリと変わります。

このメカニズムは「フレーミング効果」という名で呼ばれています。

下手くそな絵でも、フレーム（額ぶち）を変えるだけで名画に見えてしまう。**見せ方・表現の仕方ひとつで顧客の印象が変わり、売れ方が変わる――これがフレーミング効果です。**

3 ハーゲンダッツのアイスクリームを小さくした行動経済学

人間の直感を科学的に解明した行動経済学とは?

「閉店セール」「ワケあり」「大特価」と書かれただけで目を止めてしまう私たち。

「1日○個限定」と書かれただけで、なぜか焦って買ってしまう私たち。

見かけだけで心を動かされ、つい買ってしまう私たちの心理が、科学的に解明されつつあります。その典型的な例がフレーミング効果です。

「英語が不得意」を「日本語が完ぺき」と言い換えるがごとく、見せ方やメッセージを変えるだけで、まったくちがう印象を生み出すワザ。

「月々の支払い2000円」が「1日70円」となるだけで、ずいぶん印象がちがいますね。

このほかにも、最近、人間の心理についてさまざまな研究が進んでいます。

このような「人間の心理特性」に注目した新分野が「行動経済学」です。

すでにアメリカでは、行動経済学のビジネスへの応用がかなり進んでおり、「売り方の仕組み」を考えるマーケティング手法を経て、いまや各種の「顧客心理に注目した」プライシング手法が登場しています。

このあたり、いまだ「良いものを、より安く」がモットーであり、自己アピール下手の日本はまったく遅れています。

最近、私は某ビジネススクールで「行動経済学」のタイトルで講座を持ちました。

正直なところ、思ったほど参加者が集まりませんでした。

これはおそらく「行動経済学」というネーミングのせいだと思います。

「経済学」の名から、多くの人はミクロ経済学や、マクロ経済学のような、数式をたくさん使う、小難しい内容を想像してしまうのでしょう。

決してそんなことはありません。行動経済学の内容は、いわば「ビジネス心理学」です。

私は個人的に、「ビジネス心理学」はいまの日本に必須だと思っています。

行動経済学は、2002年にダニエル・カーネマン博士がノーベル経済学賞を受賞してから注目され始めました。当時、ノーベル経済学賞を受賞するのは金融工学など数学オタクの人ばかりだったのに、心理学を研究するカーネマン博士が「経済学賞」を受賞したことで、世界の注目が集まったのです。

博士は、それまでの経済学の「常識」に重大な疑問を投げかけました。

「人間はそれほど合理的ではなく、直感的に行動するおバカな生き物かもよ」というのがその主張です。

女性たちがゴキブリとヘビを嫌う理由

女性たちはゴキブリが嫌いです。

キッチンでゴキブリを見つけただけで、「ぎゃあ〜」と叫んで逃げます。

そこに、ゴキブリを嫌う合理的な理由はありません。ただ直感的に嫌いなのです。

よく考えれば、あれほど美しいシルエットの昆虫はほかにいません。クルマでいえばフェラーリかランボルギーニといったなめらかな流線型に加えてあの黒光りする黒褐色。

それがなぜ嫌われるのかといえば、人間がまだ哺乳類の小動物だったころからの長い進化のなかで、ゴキブリから悪さをされてきたからです。

きっとゴキブリは、ばい菌を運ぶなど、我々の祖先に悪さを繰り返してきたのでしょう。その「いじめられた記憶」が遺伝子にすり込まれ、理由なく女性はゴキブリを嫌うのです。同じく、巣を守るメスにとって、わが子を食おうと狙うヘビは天敵だったはず。だから多くの女性はヘビも大嫌いです。

このようにすり込まれた前世の記憶は、私たちの「直感」となって表れます。

行動経済学は、私たちの「直感」や「思い込み」がどのように働き、それがどれほど不合理な行動をもたらすかを科学的に解明しました。

そこではすでに「なんとなく買ってしまう」「なんとなく選びやすい」「なんとなくイヤだ」の正体が明らかにされています。

私たちは101円が100円に値下げされてもなんとも感じませんが、100円が99円になると急に安くなった気がします。

このようなフレーミング効果は、従来の会計学や経済学では説明ができません。

でもたしかに「99円」メッセージの安さパワーは存在する——これが心理的な効果です。「良いものを、より安く」、性能や機能を訴えるだけで売れるのなら、ビジネス心理学などいりません。売上目標を予算で管理して、営業マンのお尻を叩いておけばいい。

しかし良いものを提供するだけでは売れず、値下げが始まるDOG環境では、「高価格」を目指すために「別のヒント」が必要です。ビジネス心理学はそれを与えてくれます。かたちのない情報や、サービスを提供するような場合には、顧客の感情や心理を理解しておくことがなおさら重要です。これなくして「顧客満足『高』価格」は得られません。

さあ、ビジネス心理学を学んで、自分のコスト中心から、顧客中心の値決めへと転換しようじゃありませんか！

なぜハーゲンダッツ・アイスは小さくなったのか？

私たちは買い物をするとき、常に「価格」に対して敏感です。

それが「値上がり」したとわかった瞬間、「イヤだなあ」と心理的な苦痛を感じます。

とくに買い物をする機会が多い商品ほど、「値上げ」の苦痛は大きいもの。

もっとも代表的な例が「食品」です。

主婦にとって、「いつも買っている商品」が値上がりするのはイヤなもの。

だからアメリカで「スキッピー」ピーナッツバターを売る経営者は悩みました。コストが高騰して価格を上げねばならぬものの、値上げしては顧客が離れてしまうかもしれない。買い物される機会が多い大手ブランドだけに、この悩みは深刻です。

会社はこの難局を、孫子流の「奇策」で乗り切りました。

彼らは一体どんな手でこれを切り抜けたのか？

――なんと、中身を減らしたのです。

価格はそのまま据え置き、容器を「底上げ」して中身を減らすことで「実質的な値上げ」を行いました。

この中身を減らす「実質値上げ」は、アメリカ中の食品業界に広がっていきます。

ケロッグのシリアルは、「箱の幅（厚み）」を薄くすることで実質値上げしました。スーパーの棚で見るぶんには「タテヨコ」のサイズが変わらないので消費者は気が付きません。イントロダクションで紹介した「スライスチーズ8枚から7枚」も同じく実質値上げです。

スーパーやコンビニなどで売られているハーゲンダッツのアイスクリームは、すこし値下げしたうえで、カップを小さくしました。価格だけしか見ていない消費者は「お、値下げだ」とむしろ喜んで買ってしまいます。

私たちは「価格」には敏感ですが、「中身の量」については鈍感。

その心理特性を踏まえて行われる「実質値上げ」。それは、「価格は変わりませんよ」とアピールしつつ、中身を減らすことで顧客の痛みを和らげたわけです。

日本では消費税が8％に増税され、円安でコストが上がった2014年から、多くの食品会社が実質値上げを行っています。

スライスチーズが1枚減ったことには気付いたウチの息子も、キョロちゃんのチョコボールが1グラム減っていることは知りません。

スーパーで買い物する人々は、あらゆる食品のグラム数が減っていることを知りません。飲み屋で怪気炎をあげるオヤジたちも、中ジョッキのサイズがだんだん小さくなっていることに気が付いていません。

「値上げ」に苦痛を感じる顧客心理を理解したうえで、値上げのメッセージを隠して中身を減らし、実質値上げをなしとげた「ここプラ」テクニック。

モノ作り時代のコスト・プライシングから、バリュー・プライシングへ展開したアメリカでは、コストやライバルの価格ではなく、顧客中心のプライシングが心理学を取り込んで進化してきたのです。

コミュニケーションとプライシングに応用された行動経済学

いまのところ、顧客の心理や直感に注目した行動経済学のビジネスへの応用は、「コミュニケーション」と「プライシング」の2つの分野で進んでいます。

これは20世紀後半の産業シフトと大いに関係しています。

20世紀後半のアメリカでは、工業のモノ作りから、金融・情報・サービス業へと産業シフトが進みました。

金融・情報・サービスのビジネスでは、製品のコストに依存したコスト・プライシング発想で値決めができません。

また、変動費のない固定費型コスト構造なので、ライバルはガンガン値下げをしてきます。

ここで、**顧客を主人公にした「満足『高』価格」を付けるためには、顧客との良好なコ**

ミュニケーションが欠かせません。

このサービスを顧客はどんなふうに感じ、喜びや苦痛を感じるのか？
どんな売り方のメッセージにすれば、心地良さを感じてくれるのか？

そんなことを考えるなかで、「無料＋有料」やＯ２Ｏを組み合わせる「まぜプラ」、そしてメッセージを工夫する「ここプラ」が登場してきました。

金融・情報・サービスのビジネスでは、顧客の心を先読みするビジネス心理学を活用することで「顧客へのおもてなし」コミュニケーションを良好にできます。

とくにアナログ・タッチ・コージーなＣＡＴコミュニケーションの場で、高価格を目指すときには効果的です。

またこのような、行動経済学をもとにしたコミュニケーション改善は、対顧客だけでなく、上司と部下のコミュニケーションにもかなり効果があります。

このあとの第７章、第８章では、このうちプライシングに関係する重要テーマ、「アンカリング」と「損失回避」の心理を取り上げます。

ここまでの「まぜプラ」と「ここプラ」、に続けて、第7章ではアンカリングを応用した「くらプラ」、第8章では損失回避を応用した「やわプラ」。

そこではどんなふうに「心理学の応用」が行われているのでしょう？

それは私たちが気が付かぬうち、すでに身の周りに表れています！

第 7 章

トップセールスに学ぶ、比べさせて売る「くらプラ」

さて私から、あなたに質問です。
これまで鰻重や天丼などを食べた記憶を思い出してください。
「あなたは、松・竹・梅のうち、どれを一番多く選びましたか？」
——もっとも多く注文したのは、「竹」ではありませんか？
だとすれば、それはなぜなのでしょう？
あなたの心には、「竹」に惹かれる何かがあるのでしょうか？
もしかしたら、「メニュー」に何かのトリックが潜んでいるかもしれません。
レストランで注文するときには、気をつけたほうがいいかもしれませんねえ。
そして、このトリックを理解すれば、交渉ごとを上手に進めることができます。
さあ、この章では、「メニューに潜む謎」に迫りましょう。

1 500万円のBMWを「気持ちよく衝動買い」させたトップセールス

クルマとともに歩む人生を売るトップセールス

私はクルマにほとんど興味がありません。

仕事や私用で乗ることはあっても「乗れればいい」くらいのもので、カッコいい高級車などには、まったく興味ありません。

その私が、人生で一度だけ、高級車を買ったことがあります。

しかも衝動買いです。

500万円もするBMWを、ローンを組んで「即断即決」で買ってしまった私。

友人からも「お前、どうしたんだよ」と不思議がられました。

そりゃそうでしょう、買った私すらピンとこないのですから。

でもあのとき私は、たしかにディーラーの女性から「気持ちよく」高級車を買ったのです。友人から、「お前が買ったその人、伝説のディーラーだよ」と教えてもらったのは、しばらくあとになってからのこと。

その伝説の女性ディーラーの名は、林文子さんといいます。私が買った当時は、BMW新宿支店の支店長さんでした。そのちにライバルのファーレン東京に転職して社長になり、さらにBMW東京に戻って社長になり、ダイエー会長などを経て、横浜市の市長になられました。

あの日、わが家にやってきた林さんは、会話が始まってすぐに「このお客さんはクルマに興味がない」ことを見抜いたのだと思います。

だからクルマの性能などは、ほとんど話しませんでした。

実際、私は性能のことなど話されても理解できませんし。

その代わり、「私がどんな生活をしている、どんな人間であるか」を聞く方に回りました。

自営業で時間が自由なこと、ストレスを溜めていること、などなど私は話しました。

そんな私の生活に、上手にBMWの高級車を「はめ込んで」くるのです。

林さんと話すうち、いつの間にか私は「BMWで河口湖に向かってドライブする自分」を想像していました。

これがね、似合っているんですよ、高級なBMWに乗って高速を飛ばす私が（笑）。

あとになって林さんをモデルにした「トップセールス」というドラマがNHKで放映されました（DVDで出ています）。

そのなかで女性ディーラーの主人公が「私はクルマを売るのではなく、クルマとともに歩む人生を売る」というセリフを口にするのですが、私は思わず苦笑しました。

「あ、林さんそのものだ」

頼りになる先輩は、自ら喜んで高いグレードを選んだ

いまになって振り返れば、とてもいい買い物でした。

快適なBMWに乗れたのはもちろん、それに加えて「高いものを気持ちよく売る」ことがどういうことか、見せてもらえたからです。

それは私が自営業として「高いサービスを売る」お手本になりました。

あれから20年ほど経ち、最近になって改めて「林さん、やっぱりすごかったなあ」と感

心しています。

行動経済学の本で、各種の心理的な効果を学ぶたび、「これ、林さん使ってたよな」と発見することが多いのです。

あの日、林さんは私に「どなたか知人の方で、ＢＭＷに乗られている方はいらっしゃいますか？」と訊ねました。

「後輩の須原（実名）という奴が乗っています」と私。

「その須原さんは、田中さんと、どのようなご関係ですか？」と林さん。

私は、須原が同郷の後輩であること、私と同じく会計士で、仕事の後輩でもあることなどを話しました。

うんうんと聞きながら「須原さんは、田中さんのような頼れる先輩がいて、さぞや心強かったでしょうね」と、林さん。

「いえいえ、そんな大したもんじゃありませんよ」と謙遜する私。

――実はこのやりとりが、重要なポイントでした。

このやりとりが行われた瞬間、私の心のなかに「頼れる先輩の自分」像が形成され、「須原より高いグレードが似合う私」のイメージができあがっていたのです！

この「頼れる先輩」イメージから逃れることはもはや不可能です。

須原が低グレードの中古車なら、私はそれよりハイグレードの新車しかありえません。自分でも気が付かないうちに、「あいつと同じクラスには乗れないよな」という心理状態になっていました。私の心のなかで、彼が乗っている低グレードが「基準」となり、それより高いグレードを「心地良く」思う自分がいたわけです。

このように、何かが「基準」となって、それとの比較で別のものを判断してしまう心理を「アンカリング」といいます。

アンカリングの「アンカー」は船の錨《いかり》の意味です。船が下ろす錨のごとく、頭のなかで何かが「基準」となると、私たちはそれとの比較によってものごとを判断してしまうのです。

おそらくあのときの林さんはアンカリングという言葉をご存じなかったはずです。

それを自然とやってのけるのが天才トップセールスの実力。

かくして「頼りになる先輩」は、アホみたいに気持ちよく、ハイグレードのＢＭＷを自ら選んだのであります。

耳の遠い仕立屋兄弟の話

私たちは、ある商品、あるサービスを「ひとつだけ」見て、それを買うのが苦手です。でも何かと何かを「くらべる」ことができると一気に判断しやすくなり、「こっち！」と選ぶことができます。「くらべる」ことで楽になる――これがアンカリングの本質です。

アメリカのキッチン用品店ウィリアムズ・ソノマは、高級家庭用パン焼き器を279ドルで売り出しました。

あとになって、すこし大きなモデルを429ドルで追加して売り出しました。この大きな高価格製品が登場したことで、小さな279ドル製品の売上が2倍近く増えたそうです。

はじめ、消費者は279ドル製品が「高いか・安いか」を判断できなかったのです。

ここに429ドル製品が加わったことで「くらべる」ことができるようになりました。「くらべる」ことで消費者は279ドル製品のおトク感を実感でき、これで販売が伸びたというわけです。

１９３０年代、紳士服店を営むシド＆ハリー兄弟の物語です。

鏡を前に試着するお客さんから価格を聞かれたシド、奥で仕立てをしているハリーに向かって「このスーツいくらだっけ？」と尋ねます。

「オール・ウールの最上級のやつだね、42ドルだ」

と、実際より高い価格を答えたハリー。

シドは耳が遠いふりをして、「え、いくらだっけ？」ともう一度尋ねます。

「42ドルだって！」と、再び奥のハリー。

シドはお客に向かって「22ドルだそうです」。

客は急いで22ドルを払ってスーツを買い、そそくさと店をあとにしたそうです。


顧客は、価格を「くらべる」ことで高いか安いかを判断します。

だからメニューには、自信がある「たったひとつ」だけを書くべきではありません。

それでは消費者が選べないからです。

私たちは「くらべる」ことでトクやソンを認知できます。

だから「高い定価を書いて上から二重線で消し、安い価格を書く」古典的な手法が、心理的に有効なのです。

いったん高い価格を見てしまうと、もうひとつの安い価格を見て、「トクした！」と思ってしまうからこそ、「特売セール」は効果的なのです。

このように、「くらべる」ことでおトク感を演出したり、気持ちよく選んでもらう作戦を、くらべるプライシング＝「くらプラ」と名付けましょう。

多くの人が定価で見ないシネコンの映画

シネコンの映画には、各種の割引があります。

前売り割引に女性割引、シニア割引、団体割引、曜日限定割引、携帯電話会社などと提携した割引もあります。

ほとんどの人が「割引価格」で映画を観ており、定価で観ている人のほうが少ないです。

観た人は定価と「くらべる」ことでおトク感を実感できます。

定価を払った人にも、シネマイレージを使えば「6回観たら1回無料！」が付いており、抜かりはありません。すべてのお客さんに対して、おトク感を提供しているわけです。

「くらべる」プライシングは、高級レストランなどでも活用されています。

東京の某高級ホテルのレストランでは、ランチメニューが「3種類」提供されていました。

「5800円・4000円・3000円」です。

私の読みでは、高価格の5800円は一種のダミーです。

頼んでくれる金持ちや外国人がいたら、それはそれでめっけもの。

あまり注文する人がいなくとも、この「5800円」メニューには重要な意味があります。

この5800円があると、真ん中の4000円メニューが、妙に安く感じられませんか？

もし仮に、ランチメニューが「4000円&3000円」だったとしたら、多くの方が「3000円」を選ぶことでしょう。

しかしここで5800円メニューが用意されると、そっちが基準（アンカー）となって、4000円が安く見えてしまいます。

ただでさえ私たちは「3つのなかから真ん中を選ぶ」のが大好きです。

鰻でも天丼でも、「松・竹・梅」から選ぶとき、つい「竹をお願いします」と頼みがち。

心のどこかに「梅を頼んで、貧乏人だと思われたらどうしよう」とか「松を頼んで、大したことなかったらどうしよう」という不安感があります。

とくに「ビリはイヤ」で「出すぎたクイは打たれる」と身をもって感じているサラリーマンは、仕事では中団好位置キープのポジショニング、そして食事では「竹」を選んでしまうのであります（？）。

2 アンカリングで高価格を実現する秘密作戦

人々の選択を狂わせるメンタル・デコイ

世の中には「くらべる」心理特性を踏まえた、一種の「目くらまし」テクニックも登場しているので注意しましょう。

たとえば、レストランのメニューで、次のどちらかを選ぶとします。

サーロインステーキ	200g	2000円
サイコロステーキ	200g	1400円

なかなか選びにくい選択ですが、「安さ」でサイコロステーキが選ばれる可能性が大です。

ここで、「おとり」選択肢の登場です。

次の3択から選ぶとしたら、あなたなら、どれを選びますか？

サーロインステーキ　150g　2000円
サーロインステーキ　200g　2000円（いまだけ増量サービス）
サイコロステーキ　200g　1400円

この3択を提示されると、かなりの人が真ん中の「サーロイン200g（いまだけ増量）」を選ぶはずです。

この3つを見比べると、最初の「サーロイン150g」を選ぶのは明らかにソン。なぜなら同じ価格で「サーロイン200g」を食べることができるのですから。

サーロインの150gと200gを「くらべて」、200gを注文した方がトク――メニューを見た人は直感的にこれを見抜きます。だから多くの人が「サーロイン200g」を頼むのです。

さらに「いまだけ増量」で希少感をアピール。

これで「2択」ではあまり選ばれなかった「サーロイン200g」の注文が急に増えます。

このように、**人々を誘導する「不利なおとり」、この場合の「サーロイン150g」をメンタル・デコイといいます。**

私たちはだまされないように気をつけねばなりません。レストランでは、自分の食べたいものを食べるよう、心がけましょう（？）。

安い基準を自らつくる「低価格アンカリング」の失敗

第2章で報酬価格の下落に苦しむデザイナーAさんのケースを取り上げました。ウェブデザインやイラストなどを手がけるAさんの話を聞いて、私はその報酬下落の原因が「アンカリング」にあることを発見しました。

仕事が丁寧で迅速、そして作品クオリティーも高いAさんは「口コミ」によって、仕事が増えていました。サービス業にとって、口コミで仕事が増えるのはその実力が認められた証拠、歓迎すべきことです。

しかし問題は、以前の報酬単価がそのままあとの仕事にも引き継がれてしまったことです。

Aさんの場合、それほど実力がなかったころの低い報酬単価が「基準」となり、そのあとずっとそれに苦しめられていました。

とくにサービス業やフリーランスは、こうした「低価格アンカリング」に気をつけねばなりません。

もちろんメーカーや流通業でも「低価格アンカリング」には注意が必要です。

はじめに「今回だけは……」と低価格で値付けしてしまうと、それをあとから値上げするのは、とても難しいです。

「低価格アンカリング」を避けるには、最初が肝心。

どうしても安く商品・サービスを売るのなら、でっち上げでも「高い定価」を設定したうえで、「今回だけの特別割引」で提供してください。

「今回だけの特別割引・お試し価格」、理由はなんでもかまいません。

とにかく**「本当は高いけど、今回は特別に安くする」ことを明確にすること。**

これで買う側のおトク感を演出したうえで、そのあとの仕事に「高い定価」を引き継ぐことができます。

高価格を実現するアナザー・アンカリングとアンカリング・インポッシブル

はじめに「定価」を下げてしまっては、値下げ圧力の強いDOG環境では「高い価格」に戻れません。ならば、少々誇張でも「高い価格」を設定し、「今回だけ特別に割引」の形式をとるべきです。

このほかアンカリング心理特性を踏まえた「上手なプライシング」を2つ伝授しましょう。

私が考案したこの作戦を使えば、「高価格」の値決めができます。

①アナザー・アンカリング作戦

まずはじめは、買い手に別の基準と比べさせる「アナザー・アンカリング」作戦です。

前章で紹介したMBTスニーカーは、「世界最小のフィットネスジム」というメッセージによって、3万円という高価格を実現しました。

シューズだと思えば高いが、ジムだと思えば安い。

ＭＢＴは「シューズ」ではなく、「フィットネスジム」の価格と比べてもらうことで、顧客の「アンカリングの場所」を変更したのです。これは効果てきめんでした。

自分は何を売り、どんなビジネスを行っているのでしょうか？　いったんいつもの常識から離れて、「自分の商品・職業は何であるか」を定義し直してみましょう。

それによって「アンカリングの場所」を変えることができれば、高価格への道が見つかるはずです。

②アンカリング・インポッシブル作戦

次は、名付けて「アンカリング・インポッシブル」作戦。

私がこれまでずっと多用してきた作戦です。かなりの秘密を含みますが、この本の読者には特別に披露しましょう。

この作戦では、とにかく「安いアンカリングを避けまくる」ことを考えます。

低価格競争を繰り返すレッドドッグたちとは、ぜったい同じフィールドで戦わないで、誰もいないブルー・オーシャンを探す。

たとえば私は、落語家さんとコラボレーションして講演を行います。そのコラボ講演をどこかのお招きで行うとき、決まってギャラをいくらにするか主催者が悩むのです。

なぜって、会計士と落語家がコラボするなど前代未聞、前例がありません。なにかの前例に従ってギャラを決めるのが得意な人たちは頼る基準がありません。

このような場合、確実にこちらが値決めの主導権を握ることができます。

「比べられないゾーンをつくる」ことでアンカリング・インポッシブルな状況をつくることができます。

プラスワンの価値、オーダーメイドの雰囲気、なんでもいいです。とにかく「みんなと同じ」から脱出すること。

レッド・オーシャンで値下げを繰り返すレッドドッグたちから離れ、ブルー・オーシャンで楽しく遊ぶブルーキャットを目指しましょう！

（注：会計士・落語家コラボを呼びたいとお考えの皆様、この本の読者に限り、期間限定で特別な低価格メニューをご用意しております。ご希望の方は私までご相談ください）

3 交渉で勝つ！　無敵の秘策

たった1万円で講師を怒らせた担当者

気持ちよく500万円の高級車を売ってしまう人がいれば、意図せずたった1万円で人を不愉快な気分にさせてしまう人がいます。

これもずいぶん昔の話ですが、あるお役所から講演の依頼を受けました。

「少ない予算で恐縮ですが、どうかお越し願えないでしょうか？」

役所の仕事に予算があることは、こちらもわかっています。

その仕事は地方商店街を盛り上げるためのものであり、趣旨に賛同した私は「報酬はいくらでも大丈夫、お手伝いしますよ」と返事をしました。

すると先方の担当者いわく「2万円から3万円の報酬になると思いますが、正式に決まりましたら再度ご連絡差し上げます」。

しばらくしてメールが入り、そこには「2万円でお願いします」と書かれていたのです。

正直なところ、カチンときました。本当に私は金額など、どうでもよかったのです。

しかし、「2万円から3万円の間」と言ったうえで「2万円」の提示、しかもどうして3万円ではなく2万円なのか、その理由についてはまったく説明なし。

納得できない感覚が残りました。それはいまでも残っています。

その担当者は「たった1万円」でひとりの人間を怒らせてしまったわけです。

この私の怒りの正体も「アンカリング」です。

「2万円から3万円」とはじめに言われたことで、私の頭には「3万円」の金額が残ってしまいました。それで私は、「値切られた・なめられた」という黒い感情を2万円に持ってしまったわけです。

本当は「2万円から3万円」でも、最初に「5000円から1万円」と言っておけばよかったのにねえ。そうすれば「2万円」と言われた私は、サプライズを感じて「なんていい人なんだ！」と喜んだことでしょう。

ああ、もったいない。そしてアンカリング、まことにおそろしや。

交渉上手な人は、こんなヘマはぜったいにやらかしません。

相手にとって「有利」なアンカーをはじめに打ち込むと、交渉は必ず難航します。相手にとって「不利」なアンカーをはじめに打ち込むのが交渉を成功させる秘訣。

先日、私の事務所にやってきた修理担当者はかなりのものでした。壊れた機械の修理を頼んだ電話にて、くわしく状況を聞いたあとに「修理代はおそらく2万5000円程度だと思います」。実際、やってきた修理のあとに彼が提示した修理代金は1万9000円。なんとなく、トクした気分になった自分がいました。

ネットで何かを注文するときなどでも、「○日までにお届けします」といいながら遅れると「なんだよ！」と腹が立ちます。しかし、言われた期日までより早く届くと「なかなかやるじゃないか」と嬉しくなります。

販売者は「自らの理想」など語ってはいけないのです。

それが顧客にとって「有利」なアンカーとなると、理想が果たせなかったとき、顧客の怒りを買います。

少々「不利」なアンカーを先に伝えておく――これが顧客を喜ばせる秘訣です。

アンカリング＋返報性で交渉は無敵

日本人は「間（あいだ）を取る」のが大好きです。

たとえば500万円で売りたい売り手と、300万円で買いたい買い手が臨んだ値決め交渉では、「じゃあ、間（あいだ）を取って400万円にしましょう」と進めたがるのが日本人。

ともに歩み寄り、間を取って決めればお互いハッピー――そんな日本人気質はたしかに存在します。

この「間を取るのが大好き」気質のことを、海外のビジネスマンはすでに知っています。

これが相手にバレていると交渉になりません。海外の売り手はそれを見越したうえで、ふっかけてくるからです。

この「間を取るのが好き」な心理には、「返報性」が隠れています。

返報性は、「お返し」の心理です。お中元やお歳暮をもらったら必ずお返しをするように、交渉事では「向こうが折れたなら、こっちも折れる」というお返しをしたくなる心理。

先の交渉では、売り手は500万円の価格をぐっと我慢して400万円に下げたので、300万円で買いたい買い手も我慢して400万円の高い価格を飲みます。

こうして「お互い我慢したよね」と返報性にもとづく痛み分けが成立し、めでたく交渉がまとまるのです。

私がよく行く「銀座ワイナックス」というワイン販売店では、「いくつかのワインの試飲」をさせてもらったうえで買うことができます。

何本かのワインを試飲することで、ワインの味を「くらべる」ことができます。

素人の私は、ワインを「1本だけ」試飲しても、それが美味しいのかどうか判断できません。しかし、いくつかのワインを試飲することで「くらべる」ことができます。これは大変ありがたい。

また、私に限らず、試飲した人の心の中に「返報性」、つまりお返しの心理が働きます。「試飲させてもらったのだから、買わないとな」という心理です。

大きなお店では返報性など働きませんが、小さな個人経営のお店ではこれは実に効果的。お客さんに気持ちよくお返ししてもらえるショップでは、心地良くＣＡＴな高価格が実現できます。

第8章

顧客の困りごと、悩み、不満を和らげて2.5倍売る「やわプラ」

レッドドッグだらけの時代に「単価の高い」商売を成功させる人がいます。
そんな人たちは、必ず「高い値決め」の秘訣を持っています。
しかしそれは、数字やデータを見ているだけの人には、決して見つけられません。
「たったひと言」でお客さんを怒らせる人、「たったひと言」でファンをつくる人。
そのちがいは、経営学や会計学を学んだだけでは理解ができません。
私たちはどんなときに喜び、そして悲しい思いをするのか？
顧客はどんなとき、高い商品を高いと思わずに買ってしまうのか？
この章では、顧客の心の謎をのぞきつつ、「2・5倍売る秘訣」を探しましょう。

1 ポイントカード時代の副作用

ポイントカードには3つのねらいがある

拝啓、honto 様

私はポイントカードをほとんど持っていません。

でも財布には唯一、そちらの honto ポイントカードが入っています。

1%しか付かないポイントが1万円以上貯まるので、年間100万円以上の書籍を買っていることになります。個人でこれだけ買っている人間は、あまりいないはずです。

自分で言うのもなんですが、相当の優良顧客だと思います。

それなのに、ときどき「こんな新刊が出ましたよ」と推薦のメールが届くだけで、ほかに何も届きません。

たとえば、「たくさん本を読んで、さぞや目や身体がお疲れでしょう」とマッサージ券でも届いたなら、私はとても嬉しいです。

あるいは「たまには甘いものでもどうぞ。疲れに効きます」とチョコレートが届けば、私はますますおたくのファンになります。

売り込みのメールが届くだけでは寂しいです。

なんとかならないものでしょうか？

よろしくご検討いただければ幸いです。

敬具

注：honto（ホント）は、丸善、ジュンク堂などの書店で使えるポイントカード

世の中にはポイントカードがあふれています。

TSUTAYAの発行するTカードは、すでに発行枚数が5000万枚を突破。コンビニではセブン－イレブンの nanaco カード、ローソンの Ponta カード、そのほかスーパーでも、薬局でも、カード、カード、カード……。

カードを持たない私には住みにくい世の中です。

ポイントカードに付与されるポイントの実質は「値引き」です。

それなら現金割引にしたほうが簡単だし、カード発行の手間やコストもかかりません。

でも各社、いっせいにポイントカードを発行しているのはどういうわけでしょう？

現金割引とポイントカード。どちらも「値引き」分だけ安く買えるわけで、お客からすれば「おトク感」があります。

しかし「ポイントカード」には、「おトク感」とは、また別の意味があるのです。

それは、お客さんに「もったいない」と思ってもらえること。

買い物のときポイントを貯めた顧客は、それを使うために再び店にやってきます。

つまりポイントカードは、顧客の心にある「もったいない心理」を刺激して、来店動機をつくっているわけです。

おトク感に加え、もったいない刺激。

いまのところ、各社のポイントカードはそれなりにうまくいっているようです。

でも、それだけじゃないんです。

最近のポイントカードには、「第3のねらい」があります。

それが顧客購入データの収集です。

POSレジや通信機器をはじめとするITの発達によって、大量の顧客データを収集し、管理できるようになりました。

いまや、レジでポイントカードを出した顧客については「どの店で、何時に、何を」買ったかのデータがすべて取られています。

蓄積されたデータは整理・分析され、マーケティング戦略に活かされています。

ITの発達によって、大量の顧客データを瞬時に取り入れ、分析できる体制は整いました。

しかし、肝心の「アナログな分析力」がまったく追いついていないようです。

推薦する商品を個別にレシートで伝えたり、メールでリコメンド（推薦）するレベル。

「私、とにかく売りたいんです」という自己中心的な気配がなんとなくイヤなかんじ。

デジタルの反動で登場した行動経済学

データ分析は万能ではありません。

どれだけくわしくデータ分析しても、わからないことがあります。

レコードがCDになったとき「抜け落ちる」音があったように、すべてのデジタルデータから「抜け落ちる」ものがあります。

データは、顧客が買った「場所・時間・品目」を詳細に教えてくれます。

しかしデータは「顧客が明日何を買うか」を教えてくれません。

これについては、私たち自身が「仮説」を立てるしかありません。


私たちはそろそろ「デジタルの限界」を悟るべきだと思います。

デジタル・オンライン・グローバル時代に突入してからというもの、デジタルな「数字&データ」を扱う会計、統計、データ分析といった分野に注目が集まりました。

職場でもIT化が進み、街の店にはポイントカードが花盛り。

しかし、デジタル化された方向に行けば行くほど、顧客にマッサージ券やチョコレートを贈るような感性が鈍り、シャレっ気が失われていくようです。

こうした「デジタルに振れすぎた」振り子が、反対の「アナログに戻ってきた」のが行動経済学の登場です。行動経済学は、いわばアナログの復権。

行動経済学＝ビジネス心理学は、人間の心をのぞきながら「心地良さ」や「快適さ」といったCAT感情について掘り下げます。それは、あらゆるものをデジタル化するプロセスで「抜け落ちた」心理要素を、いまいちど掬《すく》い上《あ》げる試みです。

デジタルなDOG競争は、ともすると人間性を損なう世界です。

そこでは効率性や生産性がキーワードとなり、常に値下げが起こります。

これに対してアナログなCATは、こぢんまりとした居心地良い空間を目指します。

そこでは感性や共感がキーワード、ファンの支持があれば価格は下がりません。

自宅・街・職場、あらゆる場所でデジタルに囲まれた私たちは、すでに「デジタルの副作用」に侵され始めています。

アナログな感性をどこかに置き忘れ、デジタルに侵されると、どんなことが起こるのか？

私の「哀しい実体験」からご紹介しましょう。

2 クルマを下取りに出したとき、営業マンに感じた怒りと哀しさ

某大手ディーラーにて感じた怒り

林さんから買ったBMWにはずいぶん長く乗りました。
本当に乗り心地の良い愛車でした。
その愛車を買い換えることになったのは、家族が増えたからです。
大きめのミニバンを探すため、私は近所の大手ディーラーを何軒かまわりました。
「これでいいか」とクルマが決まり、営業マンと商談が進みます。
数日後、愛車を下取りに出す日になりました。
私は自分でディーラーまで乗って行き、お店に到着。
すると担当営業マンの男性が出てきて、「そのへんに止めておいてもらえます?」

「車検証とキーは？」

「付けっぱなしで結構です。新車の手続きがあるので、こちらにお越しください」

かくして愛車との別れはあっけなく終わりました。

そしてこのとき、新車の手続きに向かう私の心のなかに、「言い知れぬ怒り」が充満していたのであります。

長く乗ってきた愛車には、それなりの思いがあります。

家族が1人増え、2人増えるたびに賑やかになった車内。

愛車には家族と一緒に歩んできた歴史があります。

クルマとはいえ、家族の一員のようなものです。

だからといって「最後に記念撮影でも」というわけではありません。具体的に何かをしてほしいわけではないのです。

ただ寂しく、別れがたい思い――彼はそのセンチメンタルな気持ちをまったく理解することなく、ただ事務的に下取りを行いました。

私の頭のなかには、哀しげなドナドナのメロディーが流れます。

このとき私は、彼に不信感と言ってもいい感情を抱きました。

彼の行動は、ビジネスマンとしてまったく問題ありません。

礼儀正しく、てきぱきと効率的に仕事を進めました。

しかし、そこには「何か」が欠けていたのです。

「想い出も買い取る」リサイクルショップ

たとえばレストランに行ったとき、「この店、なんかイヤだ」と言う女性がいます。

女性の「なんかイヤだ」には多くの場合、具体的な理由がありません。

私があのとき営業マンに感じた怒りにも、理由がありませんでした。

その「なんかイヤだ」が、行動経済学で「保有効果」と説明されていると知ったのは、ずいぶんあとになってからのことです。

人は自ら所有する物に愛着を持ち、それに高い価値を感じる。

だからそれを手放すときに強い心の痛みを感じる――これが保有効果です。

営業マンの彼は、おそらく仕事のマニュアル通りに働いていました。

そして「売上」ノルマを抱え、新車を売ることに一生懸命だったのだと思います。マニュアルに従って笑顔で対応し、指示された通りに業務を処理する。「デジタルな仕事ぶり」を、しっかりとこなしていた彼。

そこにはすっぽりと、顧客の心に寄り添う気持ちが「抜け落ちて」いたのです。

もし彼が、下取りするクルマにやってきて、「大事に乗られていましたね」のひと言をかけてくれていれば、私の心はまったくちがったはずです。

その「たったひと言」が言えなかったために、彼は私の心に痛みを残しました。

仕事のマニュアルには書かれていない、数字に表れない、「たったひと言」。

これが言えない人が増えています。

しかしこれは本人たちの責任ではありません。

これこそがデジタルの副作用なのです。


私はある講演で、この下取りのエピソードを話しました。

講演後、受講者の女性があいさつに来てくれました。彼女はリサイクルショップの経営者。

「先生のお話を聞いて、背筋が寒くなりました」と彼女。

自分のお店でも、買い取りが事務的な作業になっていないかと心配になったようです。後日、その彼女から便りが届きました。

なんでもお店のスタッフとこれについて話し合い、そして決めたそうです。

これからは「想い出も一緒に買い取る」。

そうなんです、この気持ち、感覚――これなんですよ、私があのとき欲しかったのは。買い取りスタッフが「想い出も一緒に買い取る」気持ちでいれば、何気ない「たったひと言」が口から出るはずです。

「とても大事に使われていたんですね」

このひと言だけで、お客さんの気持ちはどれだけ救われることか。

これはまさにお客さんに寄り添う共感の気持ち、その場に心地良さをつくるCATな空間づくりです。そんなCAT空間をつくれたのは、私の話を聞いて「背筋が寒くなった」彼女の感性がゆえ。

データ分析に明け暮れるビジネスマンは、この感性を失いつつある気がします。

営業マンの彼は、DOG環境で戦うビジネス戦士でした。

グローバル競争の激しい自動車業界で、売上をあげるべく戦う戦士。

そこでは顧客に寄り添う共感や温かみのない「丁寧だけど冷たい対応」になりがちです。

「想い出も買い取る」ことを決めた女性経営者は、CAT感性の持ち主。

「この店で買い取ってもらうと、なんか嬉しい」空間には、きっとファンができることでしょう。

引き取る・共感する・問題解決のステップでつくるCAT空間

多くの情報・サービス業で「問題解決」という言葉が使われています。

とくに経営・会計・情報システム系のコンサルタントたちが、よく使います。

問題の所在を明らかにし、ロジカル（論理的）に問題解決の道筋を探る。

そんなデジタルで効率的な問題解決だからこそ、「共感」が抜け落ちます。

だから、問題解決が得意なエリート・コンサルタントの男性には離婚が多いのです（おっと、バラしちまったぜ）。


私の知り合い、コンサルタント樋口（実名）もそうです。

彼が疲れて帰宅すると、奥さんが「なんだか熱っぽくって」と横になっています。

そんな彼女に「体温測ったら？」と声をかけた樋口君。

すると奥さんは、「なんであなたはいつもそうなの！　出てってよ」と、家から追い出されたそうです。

「わけわかんないですよ」とボヤく彼。

私は、「だから君はダメなんだよ、奥さんはつらい気持ちをわかってほしい。話をちゃんと聞いて『それは大変だったね』と言ってほしい。すぐ問題解決に向かってんじゃねーよ」と諭しました。これはすべてのコンサルタントにとって重要なことです。

頭のいいエリートほど、クライアントの話を聞くやいなや、問題解決に向かいます。

これではいかんのです。エリートデジタルバカ。

クライアントの相談を聞いたら、いったんその「悩みを引き取る」こと。

そして次に「それはお困りですね」と相手にうなずきながら、共感の気持ちを伝えること。

そのあとでやっと問題解決に向かうべきなのです。

悩みを引き取る　↓　相手に共感する　↓　問題解決に向かう

このステップを踏むことがＣＡＴ空間をつくるコツです。

樋口君、わかったか。離婚されないように気をつけたまえ。

3 トクするより、ソンしたくない損失回避の心理

「不器用ですから……」保険に入る男たち

日本がバブル景気にわくすこし前の1984年ごろ、日本生命のCMが話題になりました。

高倉健がつぶやきます。

「不器用ですから……」

CMは「たったひと言」で、妻や子に愛情表現できない男たちの心を捉えました。

おそらくこれを見た多くの男性が、保険に入ったことでしょう。

それにしても日本人は保険が好きです。

生命保険、医療保険、ガン保険などなど、毎月何万円もの保険料を払っています。

そんな日本人ですが、株式投資にかける金額は、他国の数分の一規模という少なさ。

これはいったいどういうわけでしょう？

株式投資で儲けることよりも、家族が困ることを回避したい心理がそこにあります。

これを行動経済学では「損失回避」と説明しています。


「得をする」より「損したくない」

「成功する」より「失敗したくない」

「家族と海外旅行する」より「家族を路頭に迷わせたくない」


プラスの獲得よりも、マイナスの回避を求めるのが「損失回避」の心理。

この心理が強くなると、「株式投資で金儲け」よりも「保険で心配を回避」することが優先されてしまうのです。

損失回避は、人間の持つもっとも基本的、原始的な心理特性です。

小さな哺乳類の先祖から進化を繰り返し、人間までたどり着いた長い長い道のり。

そのなかで身に降りかかる損失・危険をすばやく察知し、それを回避できたからこそ、私たちはここにいるのです。

人間にある「損失回避」の心理とは？

たとえば買い物をするレジの近くで、1万円をひろったとします。

1万円をひろえば嬉しいです。

同じく買い物をするとき、1万円を落としたことに、あとから気付いたとします。

1万円を落とすと悲しいです。

従来の経済学では、この「1万円をひろう喜び」と「1万円落とす悲しさ」について、感情の向きは逆であるものの、その大きさは等しいと仮定していました。

同じ1万円であれば、ひろったときの喜びの大きさと、落としたときの悲しさの大きさは等しい――これが経済学にいう「合理性」の仮定です。

行動経済学の父、カーネマン博士はこの合理性を真っ向否定しました。

そんなことはない。合理性は間違っている。

そして彼はこんな主張を世に出したのです。

「喜びより、悲しみのほうが2～2・5倍大きい」

たしかに、おっしゃる通りです。

1万円をひろってても誰かにおごっておしまいですが、1万円落としたら、その心の痛みはずっとあとまで残ります（ちなみに経済学の話なので、警察に届けるなど法律は無視します）。

カーネマン博士は実験に実験を重ねて、「喜びより、悲しみのほうが2～2・5倍大きい」事実を証明してみせました。これによって従来経済学の前提だった合理性には、重大な修正が加わることになったのです。

「喜びより、悲しみのほうを強く感じる」心理は、あらゆる場面で顔を見せます。

SNSで1人友だちが増える喜び　＜　1人の友だちから解除される悲しみ
告白して付き合える喜び　＜　告白してフラれる悲しみ
転職して得られる幸せ　＜　転職失敗して味わうつらさ

そして人間は「喜びより、悲しみのほうを強く感じる」からこそ、悲しみのほうを回避する行動をとります。これが「損失回避」です。

SNSでは友だちから解除されないよう、あたりさわりないことを書きます。告白してフラれる悲しみを避けるために、告白しません。転職失敗してつらい思いをしたくないので、いまの会社に残ります。

こうした「損失回避」は、ビジネスでは一層強く認知されます。「損したくない」「不安を避けたい」「イヤな思いをしたくない」身近なところでは、会議で発言しない人にも損失回避の心理があります。「会議で発言して成功する喜び＜失敗して恥をかくつらさ」――これによって「発言しない」という選択がなされるわけです。

さきほどクルマの下取りのところで紹介した「保有効果」も、そんな損失回避の一種です。長く乗った愛車ほど愛着が高まり、それを手放す痛みが強くなります。そんな心の痛み＝損失を和らげる「たったひと言」があれば、損失回避ができるわけです。

第6章で取り上げたスキッピー「ピーナッツバター」やハーゲンダッツ・アイスの「実質値上げ」は、「損失回避」を見事に実現させた好例です。

価格の値上がりに顧客が痛みを感じるからこそ、それを避け、中身を減らすことで「損失回避しながら値上げ」したのです。

第7章のアンカリングで取り上げたメンタル・デコイ（心理的おとり）の選択でも、損失回避の心理が働きます。

サーロインステーキ　150g　2000円
サーロインステーキ　200g　2000円（いまだけ増量サービス）
サイコロステーキ　200g　1400円

この3択でどうして「サーロイン200g」を選んでしまうかといえば、「サーロイン150g」と「サーロイン200g」を見比べて、価格が同じなら前者を選ぶのはソンだと直感的にわかるからです。

そこで損失を回避すべく、「サーロイン200g」を選んでしまうのです。

これを選ぶとソンするよ、と明確にわかるようにしておくのがメンタル・デコイのうまい作り方なのです。

4 なぜ下取りセールは大ウケしたのか？

悩み多き時代だから効果がある「やわプラ」

損失回避の心理をビジネスに応用することができれば効果が絶大です。

なぜって、カーネマン博士によれば、

「喜びより、悲しみのほうが2〜2・5倍大きい」

のですから、これを踏まえて売り方やメッセージを変更するだけで、相当の販売拡大や単価アップが望めるからです。


メリットを訴えるより、デメリットの回避をアピールすること。

うまくいく方法を伝えるより、困りごと・悩み・不安の解消方法を伝えること。

このような「困りごと・悩み・不安」を和らげ、解消することで単価を上げるのが「やわらげプライシング＝やわプラ」です

「やわプラ」は、すでにあらゆる商品・サービスの提供に応用されています。

カルチャースクールより、婚活サークルのほうが単価がはるかに高いです。

風呂上がりの頭をスッキリさせるヘアトニックより、薄毛が解決する育毛剤のほうが単価が数倍高いです。

悩み多き時代だからこそ、顧客の苦痛を和らげ、悩みを解消する「やわプラ」が効果的なのです。

自分の商品やサービスに自信のある経営者ほど、その性能や機能をアピールしがちです。

「こんなに良い商品ですよ、長持ちしますよ、しかも安いですよ」

そんな自己中心型のメリット・アピールは工業製品には効果的でしたが、いまのような情報・サービス時代には少々時代遅れ感が漂います。

せっかく新しい情報・サービス時代がやってきたのだから、考え方を変えましょう。

まずはとにかく顧客をよく観察すること。

情報・サービス・コンサルティングでは、自分のことはさておき、とにかく顧客のことを観察しましょう。目の前の顧客は、どんなことに困り、悩んでいるのかをじっと見る。

それをいったん引き取り、共感したうえで、困りごとを取り除く手伝いをする。

「やわプラ」で重要なのは、解決策そのものではありません。

五感をフルに働かせて、顧客の困りごとや悩み、不安を見抜く、鋭い観察眼です。

自己中心的なDOG戦士たちは、顧客の困りごとや悩みを見抜くのが不得意。

これは女性的なCAT感性でのみ、見つけることができるようです。

下取りセールで「ありがとう」と言ってしまう心理

苦痛を和らげる「やわプラ」で、「うまいなあ」と感心させられるのがイトーヨーカ堂です。

これまでイトーヨーカ堂は、「下取りセール」を大成功させています。

たとえば2008年の年末に行った下取りセールでは「衣料品を5000円購入すると、不要になった衣類を1000円で下取り」しました。

この企画は大当たり。のちに対象品目を広げた同様のセールが開催されています。

クルマの下取りで客を怒らせる例があれば、下取りで客を喜ばせる例もあり。

その分かれ目は、「顧客の心」を読み取れるかどうかです。

読者のあなたにお尋ねします。

あなたの家のタンスの中に「長い間、着ていない服」はありませんか？

鮮やかな色のシャツとか、派手なジャケットであるとか……。

なかなか捨てられないですよね、とくに高い金を払った服は捨てられない。

「捨てられない」私たちの心の奥に、損失回避の心理があります。

それは「間違って買ってしまった」と認めたくない心理です。

心のなかで「いつか着るかも？」とか「また流行《はや》りがくるかも？」などと自分に言い訳しながら、「間違って買ってしまったバカな自分」を認めないようにしているのです。

本当は「もう着ないだろうなあ」と思いながら、タンスの服を捨てられません。

これぞまさに損失回避の心理です。

「太って着られなくなったお気に入りの服」などはぜったいに捨てられません。なぜならこれを捨ててしまうと「太ってしまった怠惰で醜い自分」を認めることになります。

「痩せたら、また着よう」と祈りを込めて、服はタンスの奥にしまわれるわけです。

そんな「捨てられない」人々に向かって、ヨーカ堂は「下取りセール」を打ちました。

「ウチに持っていらっしゃい、いまなら1000円で下取りしてあげますよ」

――これは効きます。

タンスに服をしまい込んだ人々は、いそいそと服を持ってヨーカ堂に出かけます。下取りでお金を受け取った人は、「ありがとう」と口にするそうです。

クーポンやポイントをもらっただけでは口にしないこの言葉。

「ありがとう」は、悩みと苦しみから解放された人々の「魂の叫び」なのですよ。

技術イノベーションから、ハート・イノベーションへ

ディノス家具では、一定金額以上の購入者に対して、「大型家具無料引き取りサービス」を始めています。

家具を購入するとき、古い家具の処分には悩みます。とくに女性は困ります。

そんな購入者に対して、「古い家具を引き取りますよ」という「やわプラ」メッセージ

は響きます。

大ヒットしたクイックルワイパーは、「赤ちゃんが睡眠中にも掃除ができる」との口コミが伝わったことで売れ行きに火が付きました。

掃除機を使うと騒音で赤ちゃんが起きてしまう悩みを解決した「やわプラ」です。

ミストシャワーは、当初の「美容に効く」「リラックス」などのねらいとはちがった「老人の介護で使いやすい」ことで売れたそうです。たしかに老人をお風呂に入れるのは大変ですからね。

イーザッカマニアストアーズの「スタイリングラボ」は、服のコーディネートに悩む女性たちに、着こなしアドバイスを提供することで、楽しい悩み解決の場をつくりました。

これらはすべて、顧客の困りごと・悩み・不満・不安を和らげ、解消することで成功した例です。

私たちもこれを見習って、考えてみましょう。

「自分の提供する商品・サービスは、顧客のどんな困りごとや悩みを解決できるか?」

これを考えることで、「レッドなイノベーション」ではない、「ブルーなイノベーション」

を生み出せるかもしれません。

大企業は、DOG競争を勝ち抜く革新的な技術やビジネスモデルを生み出す「レッド・イノベーション」を模索しています。

しかし、レッドなイノベーションはなかなか見つけられません。

結局のところ、レッドなイノベーションの多くは「リスク回避」を顧客に提案する方向へと向かっています。

極端に「リスク」を嫌い始めた日本の会社は、「リスク回避」のためには大金を費やします。

たとえば、マイナンバー制度が導入されると決まれば、「こんな情報漏洩のリスクがありますよ」と顧客の不安をあおり、新たなシステムを提案する。

このように「不安をあおる」提案は、行動経済学的に見て効果があります。

しかし、そんな「リスク回避」には夢や希望がありません。また、温かみが感じられません。

私たちはそろそろ、もうひとつのブルーなイノベーションに目を向けるべきではないでしょうか。

ブルーなイノベーションは決して大げさなものではありません。

立派な事業プランも設備投資も必要ありません。

これまで見過ごしてきた「顧客の心」を見つめ直す、温かいハート・イノベーションです。

いまいちど、顧客の困りごとや悩みをよく観察しましょう。それを見抜く観察眼を持ちましょう。

「悪い値決め」はレッドドッグたちの、冷たく厳しい安値を目指す競争。

「良い値決め」はブルーキャットたちの、温かく楽しい高値を目指す競争。

「良い値決め」にはBtoCもBtoBもありません。

人と人が出会ってビジネスが成立する以上、相手を楽しくさせる人間でありたいもの。

そんな「たったひと言」を届けられる自分になることも、立派なイノベーション。

それこそがデジタル時代に求められるイノベーションだと、私は思います。

エピローグ

すこしばかり景気回復の兆しが見えるとはいえ、まだまだ油断は禁物。

あなたがこの先、幸運な人生を歩めるかどうか。

本書のまとめを兼ねて、あなたの未来を決める「3つのポイント」をあげてみましょう。

①変動費が少ない固定費中心型のビジネスにかかわっている
②デジタル・オンライン・グローバル（DOG）なビジネスにかかわっている
③大企業に勤める男性で、職場と飲み屋以外に楽しめる場所が少ない

以上の3つにすべて当てはまる人は、本当に注意してください。この先、がんばりが報われず、過労とストレスと酒で身体を壊す可能性がきわめて高いです。

その不幸は、決してあなた本人の責任ではありません。

あなたの「居場所」が悪いだけです。あなたは、自分が思うより不幸な場所にいます。

そこは、よだれを垂らしてキバを剝く「赤い犬（レッドドッグ）」の群れのなかです。

心が安まるはずはなく、簡単に儲けられるはずもありません。

一刻も早く、そこを離れ、「青い猫（ブルーキャット）」のいる場所を目指しましょう。

青い猫のいる場所に行くために、技術や勉強はいりません。

次の「3つの課題」をクリアすれば、誰でも青い猫のいる場所へ行くことができます。

ぜひ自問してください。あなたは、

①相手から「また会いましょう」と言われる人間であるかどうか？
②集まった人が「楽しい」と思える場所をつくれているかどうか？
③「あなたには来てほしくない」お客さん像を明確に認識できているか？

これが揃えば、デジタル時代でも「小さな居心地の良い場所」を見つけられます。

この3つが揃った人を「社会が必要とする」ときは、すぐそこまで来ています。

あなたがもし青い猫のいる場所に行けたなら、探してみてください。

そこに「良い値決めのカギ」が入っている宝箱を見つけることでしょう。

謝辞

今回は「会計の本でありながら、会計の本でないものを書こう！」と心に決めていました。

そして、テーマとしてプライシングを選びました。

それが日本の商売人たちにとって、もっとも重要なテーマであると確信したからです。値決め＝プライシングの改善なくして、「いい会社」はつくれません。

大きな夢を抱いて書き始めた本書ですが、完成まで、とても長い時間がかかりました。本当に疲れました。

最後まで到達できたのは、これまで私の講義やセミナー、勉強会に参加して「共感」してくれた受講者のおかげです。

全国から私の塾やイベントに参加してくれる「好奇心旺盛」な皆さんには、いつも刺激と心の栄養をもらっています。大切な仲間たち、本当にありがとう。

国内外で受講してくれたアタッカーズ・ビジネススクールの皆さん。君たちの「独り立ち」を目指す志は、大いに私を奮い立たせました。あなたたちのような「小さき者」が胸を張って生きていける世の中にしたい。この本には、そんな思いを込めました。

ネットショップの商売人たち。君たちの苦労話は、DOGを構想するヒントになりました。パクり野郎に負けるんじゃないぞ、みんな！

女子孫子勉強会の女性たちには、フラットな女性的感性と共感を教えてもらいました。これからも「ワーワーと楽しい」空間で一緒に学びましょう。どうぞよろしく。

そして、「まだ見ぬ」読者のあなたへ。

この本は、あなたが読んで「元気が出た」と喜んでくれる姿を想像しながら書きました。いまそれが実現しているとしたら、これに勝る喜びはありません。私は本当に嬉しいです。

そして編集者の赤木裕介さん、どうもありがとう。

原稿チェックで伴走してくれた弟子の小春。心から感謝します。

そして最後まで読んでくれた読者の皆さん、本当にありがとうございました。

さあ、これからみんな一緒に、猫のいる場所を目指しましょう！

文庫版へのあとがき

本書は2015年に刊行した単行本を文庫化したものです。

単行本の執筆にあたり、もともと私は「プライシング」という言葉をタイトルに用いるつもりでしたが、出版社と相談のうえ、「値決め」という日本語を使うことになりました。当時、「プライシング」という言葉が巷でほとんど用いられていなかったからです。

その状況は今もあまり変わっていません。ただ「値決め・価格設定」の重要性を理解し、関心を持つ方はかなり増えてきたように感じます。

2015年の単行本発売後、台湾と中国から翻訳のオファーをいただきました。台湾版を読んだという読者からは、著者である私の元へフェイスブックの友だち申請が届きます。海外からきた「良いモノを高く売るようがんばります！」とのメッセージ、これはとても嬉しかったです。

そのことを喜びつつも、心中、若干複雑なものがあります。いまや彼らはモノづくり、マネジメント全般でその実力を発揮しつつあります。

このうえ「高く売る」プライシング技術まで身に付けられたら、日本は置いて行かれるのではないか？――そんな一抹の不安を感じずにはいられません。

読者の皆さん、「良いモノをつくる・提供する」だけでなく、それを「高く売る」ことについても努力しようではありませんか。

本書が、皆さんが顧客満足「高」価格へ踏み出す一歩につながれば、著者としてこれに過ぎる喜びはありません。

２０１８年初秋

田中靖浩

本書は、２０１５年７月に刊行した同名書を文庫化したものです。本書に登場する企業の数字、サービスの内容などは原則単行本刊行時点のものです。

日経ビジネス人文庫

良《よ》い値《ね》決《ぎ》め 悪《わる》い値《ね》決《ぎ》め
きちんと儲《もう》けるためのプライシング戦略《せんりゃく》

2018年11月1日 第1刷発行

著者
田中靖浩
たなか・やすひろ

発行者
金子 豊

発行所
日本経済新聞出版社
東京都千代田区大手町1-3-7 〒100-8066
電話(03)3270-0251(代) https://www.nikkeibook.com/

ブックデザイン
鈴木成一デザイン室

本文DTP
マーリンクレイン

印刷・製本
中央精版印刷

Printed in Japan ISBN978-4-532-19879-4